짧은 영화
긴 이야기 II

짧은 영화 긴 이야기 II
단편영화에 대한 여덟 가지 질문들

초판 발행 2021년 6월 24일

기획 미장센 단편영화제

지은이 송경원, 문학산, 장병원, 오진우, 김병규, 박영석, 김소희, 최익환
펴낸이 이현승
엮은이 안시환, 송경원

발행처 테오리아
책임편집 유지희
교열 심유정
디자인 송윤형, 이정아
제작 제이오

출판등록 제25100-2015-000033호
주소 서울시 마포구 서강로 95, 108-1801
전화 02-3144-7827 | **팩스** 0303-3444-7827
이메일 theoriabooks@gmail.com

ISBN 979-11-87789-33-8 (03680)

짧은 영화
긴 이야기 II

단편영화에 대한
여덟 가지 질문들

송경원 문학산 장병원 오진우 김병규 박영석 김소희 최익환

머리말

'지금, 여기' 단편영화(제)에 대한 여덟 질문

우리는 어느 순간 질문을 잃었다. 매년 때가 되면 영화제 사무국을 꾸리고, 집행위원 감독을 모으고, 단편영화를 공모해 심사하고, 상영을 준비했다. 관성적으로 매년 반복하는 실무의 부단함은 "'지금, 여기'에 왜 단편영화(제)가 필요한가"라는 질문이 자리할 틈을 허락하지 않았다. 20년 전 첫 번째 미쟝센 단편영화제를 준비하며 우리는 (당시의 젊은) 감독들에게 단편영화제를 제안하고, 그들의 참여를 이끌어내고, 영화제의 성격과 장르 구성을 기획하고, 상영작의 가이드라인을 정하고, 관객을 끌어들이기 위한 전략을 모색하고, 단편영화 감독들을 어떻게 지원할 것인지 고민하며 수많은 질문을 던졌고 그에 대한 답을 구해야 했다. 그것이 절대치의 정답은 아니라 하더라도, 그 누구보다 치열하게 질문하고 답을 구하는 과정이 있었기에 우리의 방향성에 당당할 수 있었다. 물론 그 이후에도 영화제의 성격을 개선하기 위해 여러 질문을 던졌지만, 과연 그 시절만큼 치열하게 변화의 가능성을 모색했는지에 대해서는 자신 있게 답하지는 못할 것 같다. 어쩌면 마땅한 답이 보이지 않는다는 이유를 핑계 삼아 애써 질문을 회피했는지도 모르겠다.

미쟝센 단편영화제 20주년을 맞이하는 지금 우리는 그 시절에 마주했던 질문의 무게를 다시 느끼는 중이다. 관성적으로 매년 해오던 것을 반복하는 영화제, 과거의 유명세로 유지되는 영화제, 그렇게 조금씩 노쇠해가는 영화제가 아니라, 늘 시대의 공기와 호흡하며 변화의 가능성을 모색하는 영화제로 거듭나기 위해서는 스스로를 향한 질문이 무엇보다 필요함을 알기 때문이다. 공교롭게도 지난해부터 국내외의 많은 영화제가 자신의 방향성과 운영방식을 재설정하기 시작했다. 하지만 그것이 자기 성찰의 결과가 아니라, 코로나19라는 외부 충격에 임시방편으로 대응하기 위한 처방에 가까운 것도 사실이다. 수십 년간 반복된 영화제의 기본 형식과 운영 방식을 질문의 대상으로 삼기보다는 지금 눈앞의 위기를 넘기기 급급한 처방에서 미래에 대한 비전을 바랄 수는 없는 노릇이다. '지금, 여기'의 우리에게 필요한 것은 좀 더 본질적인 질문이다. "지금 여기의 영화제가 위기감을 느낀다면, 그것은 단지 코로나19로 인해 발생한 일시적인 문제 때문인가"라는 질문. 달리 말해, "현재 영화제가 직면한 문제는 가까운 미래에 마주해야 했을 상황을 좀 더 일찍 마주하게 된 것에 불과한 것이 아닐까"라는 질문.

이 책은 (코로나19가 촉발시킨 지금의 위기와 무관할 수는 없다 해도) 지금의 단편영화(제)가 직면한 (또는 직면했을) 한계를 직시하자는 의도에서 시작되었다. 어쩌면 지금의 한국 단편영화제는 딱딱한 갑각으로 온몸을 감싼 채 감각의 예민함을 잃어가는 갑각류가 되어가는 중인지도 모르겠다. 시대의 변화를 예민하게 감각하는 촉수를 세우는 것이야말로 질문의 힘이고, 이를 통해서 단편영화와 단편영화제는 익숙한 영토를 넘어서는 새로운 상상력을 펼쳐낼 수 있을 것이다. 그것이 우리가 단편영화(제)에 대한 질문을 다시 던지려 하는 이유다. 우리가 스스로에게 던진 첫 번째 질문은 "과연 미쟝센 단편영화제가 계속 존재해야 하는가"라는 질문이었다. 관성적으로 반복되는 영화제에서 벗어나기 위해서는 먼저 존재의 이유를 찾아야 한다. 이를 위해 가장 필요한 것은 '지금, 여기'의 단편영화(제)가 처한 현실을 직시하는 일이다. 이는 미쟝센 단편영화제와 더불어 단편영화를 상영하는 영화제 모두의 몫이다. 현재의 많은 (단편)영화제가 유사한 상영 형식에 중복된 영화를 상영하며 차별화된 정체성을 확보하지 못하는 까닭은, 그 방식이 절대적 가치가 있어서라기보다는 시대의 공기와 호흡하며 단편영화(제)를 향해 질문을 던지는 일을 생략하거나 누락하고 있기 때문이지 않을까?

　이는 단편영화제뿐만 아니라 단편영화가 처한 현실이기도 하다. 미쟝센 단편영화제는 단편영화 감독들이 장편영화로 진입할 수 있는 가교 역할을 자임했고 그 역할을 충실하게 수행했다. 많은 이들이 지적하듯, 이는 미쟝센 단편영화제가 성공할 수 있었던 가장 큰 요인이다. 하지만 그 과정에서 단편영화는 점차 '단편'영화에 대한 질문 없이 성공의 규칙을 반복하는 일에 매몰되기 시작했다. 미쟝센 단편영화제는 단편영화 감독이 주류 영화계에 안착하는 계기가 되고 단편영화도 관객을 끌어모을 수 있다는 것을 증명하는 데 성공했지만, 그러면 그럴수록 단편영화를 규격화하는 '프로크루스테스의 침대'가 되어가는 아이러니한 현실과 마주해야 했다.

우리는 미쟝센 단편영화제 20주년에 맞춰 이 책을 기획했지만, 20주년이라는 무게에서 벗어나 이 책이 자리하기를 원했다. 20주년에 어울리는 축하와 헌사, 덕담으로 가득한 주례사 같은 책이 아니라, '지금, 여기'의 단편영화(제)를 의심의 눈길로 바라보는 글, (이 책의 계기가 된) 지난 20년간 미쟝센 단편영화제가 걸어온 여정까지도 비판의 대상으로 삼는 글, 그래서 단편영화(제)가 새로운 길을 모색하는 계기가 되는 글의 모음이 되기를 원했다. 우리는 그런 마음으로 여덟 명의 필자에게 질문을 던졌다. 그 여덟 질문이 무엇이었는지 굳이 밝힐 필요는 없을 것이다. 왜냐하면 우리가 던진 질문 대부분이 단편영화에 대한 필자들의 문제의식과 공명하면서 새로운 질문으로 굴절되었고, 그로 인해 우리가 던진 질문의 흔적이 흐릿해졌거나 사라졌기 때문이다.

최초의 질문에서 궤도 이탈한 글들을 하나씩 읽는 것은 무척 당혹스러운 경험이었다. 우리가 던진 질문들이 미리 답을 정해놓고 출제한 문제는 아니었다고 해도, 우리가 던진 질문이 전혀 다른 질문으로 반사되어 우리에게 되돌아오는 일이 그리 흔한 일은 아니기 때문이다. 하지만 당혹감에 멈칫거리던 시간은 그리 오래 가지 않았다. 예정된 길로 나아가지 않았다고 해서 그것이 틀렸다는 의미는 아닐 것이다. 게다가 무엇보다 이 '당혹감'이야말로 우리가 미쟝센 단편영화제를 준비하면서, 또는 심사 과정에 참여하면서 단편영화에 가졌던 기대였다는 사실을 떠올렸기 때문이다. 달리 말하면, 언젠가부터 단편영화가 프로크루스테스의 침대에 누워 자신의 몸이 일정한 크기로 재단되는 일을 마다하지 않게 되면서 우리는 당혹감에 멈칫거리는 경험을 잃어야 했다.

미쟝센 단편영화제가 장르영화제를 표방하긴 했지만, 우리가 원했던 것은 장르를 답습하는 영화가 아니라, 그것을 비틀어 우리를 당혹스럽게 하는 상상력의 영화들이었다. 장르적 관습을 반복하며 가지런하게 정련된 상상력이 아니라 너무나 울퉁불퉁해 도저히 구체적인 형상으로 정의할 수 없거나, 신발에 몰래 숨어들어 간 작은 돌멩이 하나처럼 우리를 불편하게 하는 영화들, 그러니까 딱히 뭐라고 정의할 수 없어 당혹스러운 영화들. 우리는 그것을 두고 '미래의 장르'라 부르곤 했다. 어쩌면 2002년 무렵 예술적 엄숙주의가 단편영화를 지나치게 억누르고 있는 것은 아닌가 하는 의문 속에 태동한 미쟝센 단편영화제가 그러한 존재로서 출현했는지도 모르겠다.

그것이 우리가 이 당혹스러운 글들을 굳이 최초의 질문에 맞춰 다듬거나 수정하지 않은 이유다. 여덟 필자들에 의해 굴절되며 새로워진 질문들을 무기 삼아 '지금, 여기'의 수많은 단편영화(제)가 자신들의 새로운 방향성을 모색하는 데 아주 작은 이정표가 될 수 있다면, 우리는 그것으로 충분하다.

미쟝센 단편영화제 20주년에 걸맞은 감사의 말 몇 마디는 덧붙여야겠다. 미쟝센 단편영화제의 후원사인 (주)아모레퍼시픽이 지난 20년간 보여준 후원사로서의 모습은 영화제뿐만 아니라 문화예술을 지원하는 기업의 가장 이상적인 모습이었음을 자신한다. 그리고 미쟝센 단편영화제의 집행위원과 심사위원을 맡아주었던 여러 영화감독과 평론가에게도 진심으로 감사의 말을 전한다. 미쟝센 단편영화제를 거쳐 간 프로그래머, 사무국장, 스태프, 자원봉사자에게는 감사함만이 아니라 미안함도 함께 전하고 싶다. 그들의 헌신에 비해 보상은 늘 턱없이 부족했다. 그리고 촉박한 일정에도 불구하고 기꺼이 책을 만드는 일에 동참해준 테오리아 출판사에게도 감사의 말을 전하고 싶다. 그리고 기꺼이 단편영화에 대한 질문과 나름의 답을 제시해준 송경원, 문학산, 장병원, 오진우, 김병규, 박영석, 김소희, 최익환에게도 진심으로 감사의 말을 전한다. 마지막으로 지난 20년을 꿋꿋이 버텨준 미쟝센 단편영화제에게 꼭 이 말을 전하고 싶다. 내 친구, 미쟝센 단편영화제, 그동안 참 고생했어, 그리고 고마웠어.

이현승, 안시환

차례

일러두기

——

● 　외래어 표기는 국립국어원 한국어 어문 규범 용례를 참조하되, 일부는 통용되는 표기에 따랐다.

● 　영화는 〈 〉, 단행본은 『 』, 잡지는 《 》, 기사는 「 」로 표기하였다.

한국 단편영화는 시대에 따라 어떻게 얼굴을 바꾸어 왔는가

단편영화제를 중심으로 본 2000년대 한국 단편영화의 궤적

송경원

송경원 〈씨네21〉 기자, 영화평론가

————

『이충호―만화웹툰작가평론선』(2019)을 집필했고, 『미지의 거장, 숨은 걸작』(2015), 『프로듀서』(2019), 『격조의 예술가, 파격의 모험가』(2019)를 공저했다. 영화뿐만 아니라 게임, 애니메이션 비평도 함께 하고 있다.

————

이름은 울타리다. 대상을 어떻게 부르는가에 따라 전체적인 윤곽은 물론 거꾸로 내용물이 결정되기도 한다. 단편영화, 그중에서도 한국 단편영화가 무엇인지 정의내리는 건 사실상 불가능한 일이라고 해도 과언이 아니다. 우리는 쉽게 '단편영화'라고 지칭하지만 그 안에는 섞이지 않은 결과물들, 어쩌면 기록되거나 포착되지 않은 수많은 가능성들이 잠자고 있다. 단편영화가 무엇인지, 어떤 형태로 흘러왔는지 정의하는 건 마치 영화가 무엇인지 단정하는 것과 다를 바 없다. 따라서 여기서 해야 할 일은 단편영화의 실체가 무엇인지 정의하고 정돈하는 작업이 아니다. 그걸 규정하고 고정하는 순간 실제로 존재했던 수많은 단편영화들의 자리가 사라지는 위험이 발생할지도 모른다. 여기서 가능한 건 (그것이 비록 일부라고 할지라도) 큰 조류의 흐름을 파악하는 것 정도다.

따라서 미리 경고하자면 이건 2000년대 단편영화에 대한 기록 중 일부에 불과하다. 이 글에서 다루고자 하는 것은 울타리의 실체를 파악하는 작업이다. 우선 우리가 무엇을 어디까지 '단편영화'라고 불러왔는지, 단편영화라는 공통의 개념을 파악하려 한다. 그런 다음 2000년대 이후 축적된 단편영화에 대한 인식의 울타리를 더듬고, 그 안에서 이뤄진 영화들의 흔적을 더듬어보는 작업을 수행하고자 한다. 일련의 흔적들이 쌓여 하나의 궤적을 이루고 마침내 2000년대 한국 단편영화들이 거쳐 온 기억과 몇 가지 경향에 대해 이야기해볼 수 있을 것이다.

2000~2010년, 단편영화의 대중적 확장기

단편영화는 관습적으로 물리적 조건에 따른 구분이 일차적으로 이뤄지는 편이다. 영화의 규모나 상영시간을 기준으로 하여 대략 1시간 안쪽의 영화들을 관습적으로 단편영화로 구분하곤 한다. 1996년 서울단편영화제 발제자로 나선 실험영화인 권중운은 "한국 단편영화는 연예오락을 위한 문화상품이 아닌, 종래 충무로 영화계로 대변되는 제도권 밖에서 8mm 내지는 16mm 카메라로 30여 분의 길이를 가진 작품으로 비상업적으로 제작되고 배급되어 상영되는 일군의 영화"●를 지칭한다고 사전적 정의를 내렸다. 하지만 일련의 구분은 시대나 상황에 따라 제각각이며 작은 영화, 혹은 짧은 영화라는 정도의 피상적인 인식으로 유통되었다고 볼 수 있다. 단편영화를 구분하는 여러 가지 기준 중에 반복적으로 등장하는 것은 독립, 저예산, 실험, 동호회, 학생 등의 카테고리다. 이러한 기준은 1980년대, 90년대, 그리고 2000년대로 넘어오면서 겹치기도 하고 제외되기도 해왔다. 이 중에서도 한국 단편영화의 역사와 맥을 같이하는 것은 독립영화다.

한국 단편영화는 독립영화의 일부로서 존속해온 부분이 있다. 정확히는 태동부터 일정 시기까지는 두 맥락을 분리하기 쉽지 않다. 한국 독립영화의 기원을 1980년대로 삼는 견해들이 다수인데, 그런 의미에서 한국 독립영화의 태동이 곧 단편영화의 역사라고 해도 크게 어긋나진 않을 것이다. 1980년대 한국 단편영화의 특징 중 하나는 대학가를 중심으

● 문학산, 『한국 단편영화의 이해』, 커뮤니케이션북스, 2007, 22쪽.

로 한 영화들, 주제적으로 소위 민중영화라고 불리던 작품들
이 주류를 이루었다는 점이다. 대표적인 예로 1984년 7월 국
립극장 실험무대에서 열린 제1회 작은 영화제를 꼽을 수 있
다. 단편영화 동인들의 첫 번째 발표회였던 작은 영화제는
실현 가능한 독립영화, 영화 실험의 실천적인 움직임이었고,
이러한 맥락에서 단편영화는 일종의 정치 문화적 운동에 가
까웠다고 볼 수 있다. 본격적으로 단편영화의 변화가 일어난
건 1990년대부터다. 1990년대 유학파 감독들의 등장과 이들
의 작품을 대중에게 선보일 영화제가 자리 잡으면서 단편영
화의 결은 한층 세분화, 전문화되기 시작한다.

　독립영화와 탄생을 같이한 단편영화의 시작은 이후 독립
영화의 하위 카테고리로 단편영화의 영역을 안착시키는 흐
름으로 이어졌다. 결과론일 수도 있지만 1980, 90년대 적지
않은 단편영화들은 비주류 영화들의 독립 정신 속에서 적은
예산으로 감독의 메시지와 주제를 자유롭게 표현하는 영화
들로 정리할 수 있다. 한편 이는 독립영화의 소비 경로와도
밀접한 연관성을 띤다. 주로 대학가의 상영이나 단편영화제
혹은 국제영화제의 단편영화 부문을 통해 소개되는 만큼 작
품들의 지향성도 예술성과 실험 정신에 좀 더 방점을 찍고

있는 경향이 뚜렷했다. 요컨대 결과물의 장르적 완성도나 대중성보다는 어떤 과정을 통해 어떤 새로움을 선보이는가에 대한 경쟁으로 집중되었다는 말이다. 1990년대 말에 이르면 이와 같은 흐름은 변화를 맞이한다. 정확히는 한국 상업영화 시장의 급격한 성장과 함께 독립영화의 제작 시스템이 변화하면서 자연스럽게 단편영화가 아예 별개의 장르로 분리될 수 있는 기회를 얻었다고 볼 수 있다. 이제 단편영화는 독립영화의 하위 카테고리가 아니라 상영시간이 짧은 영화로서 또 다른 방식을 모색하기 시작한다. 그 중심이 된 것이 다름 아닌 영화제다. 단편영화가 어떤 식으로 관객을 만날 수 있는지, 배급과 상영 부문의 변화에 맞춰 새로운 얼굴들을 선보이기 시작한 것이다.

2000년대 단편영화의 경향을 좌우한 결정적인 요소는 여러 단편영화제들의 설립이다. 단편영화제는 1975년 시작된 한국청소년영화제(이후 서울독립영화제로 변경)를 비롯하여 꾸준히 생겨났지만 2000년대에 이르러 비로소 일반 관객층까지 그 저변을 넓힐 수 있는 영화제들이 새롭게 등장한다. 그 중에서도 두각을 나타낸 영화제를 꼽으라면 2002년 시작된 미쟝센 단편영화제와 2003년 문을 연 아시아나국제단편영화제가 도드라진다. 미쟝센 단편영화제는 '장르의 상상력전'이라는 부제에 걸맞게 한국 최초로 장르적인 색깔을 표방하며 전에 없던 바람을 불러일으켰다. 이현승 감독을 중심으로 김성수, 김대승, 김지운, 류승완, 박찬욱, 봉준호, 허진호 등 여러 감독들이 힘을 합쳐 좀 더 대중적인 색깔의 영화들을 폭넓게 선보이자는 취지로 시작된 미쟝센 단편영화제는 단편영화의 인식 개선에 결정적인 역할을 한다. 작가주의, 예술, 독립영화 중심으로 지속되던 단편영화의 저변을 확장시키고, 전혀 다른 방향의 가능성을 제시한 것이다.

미쟝센 단편영화제는 크게 두 가지 목적을 전면에 내세웠다. 하나는 후배 감독들을 양성, 지원하겠다는 취지다. 이는 당시 충무로에 새로운 활력을 불어넣고 있던 젊은 감독들이 뭉쳐 작품을 선정하는 것을 통해 큰 반향을 불러일으키며 성취했다. 특히 무난한 영화가 아니라 감독(2인의 심사위원)의 취향이 반영된 독특한 개성의 작품들이 수상을 하며 인상적인 결과를 쌓아나갔다. 대상을 의무적으로 주지 않았다는 점도 주효했다. 1회 신재인 감독의 〈재능있는 소년 이준섭〉이후 7년 동안 대상 없이 진행하다가 7년이 지난 2008년에 이르러서야 조성희 감독의 〈남매의 집〉이 두 번째 대상 작품으로 선정되었다. 이러한 방침은 실제로 단편영화사에 족적을 남길 만한 영향력 있는 작품인지 아닌지를 판가름하는 것 이상의 효과를 불러온다. 드문 대상 수상 자체가 일종의 마케팅이 되어 거꾸로 작품에 권위를 부여하는 결과로 이어졌다는 것도 무시할 수 없는 것이다. 약간 다른 관점에서 보자면 단편영화에도 홍보와 배급, 상영, 관객들과 만나는 방식이 중요하다는 것을 새삼 증명한 사례라고 할 수 있다.

두 번째는 단편영화의 매력을 알려 관객층을 넓혀보겠다는 것이었다. 이를 위해 사회적 관점을 다룬 '비정성시', 멜로드라마 위주의 '사랑에 관한 짧은 필름', 코미디 섹션인 '희극지왕', 공포와 판타지의 '절대악몽', 액션과 스릴러 중심의 '4만 번의 구타'까지 총 다섯 가지 섹션을 통해 명확한 색깔을 입힌다. 사실 미쟝센 단편영화제의 본질은 여기에 있다. 장르란 무엇인가. 장르란 일종의 패턴이자 학습이며 관객을 위한 안내서이기도 하다. 그야말로 대중, 상업영화 영역에서 필요한 가이드로서의 성격이 짙다. 게다가 오늘날의 거의 모든 영화는 개별 장르로 분류되기보다는 복합장르에 가깝다. 그럼에도 군이 미쟝센 단편영화제가 장르를 표방한 것은 단지 장르명을 명확히 하는 것만으로도 관객에게 친절한 안내가 가능하기 때문이다. 즉 마케팅적인 효과가 크다. 여기에 더해 회를 거듭하면서 다시금 시작되는 학습효과도 적지 않았다. 영화제의 위상이 올라가면서 자연스럽게 양질의 출품작들이 몰렸는데, 2002년 500편의 출품작으로 출발했던 영화제가 2012년에는 926편, 2016년에는 1,037편의 출품작이 몰리며 국내 단편영화제 단편경쟁부문 최다 출품 편수를 기록했다. 결과적으로 미쟝센 단편영화제는 이른바 '감독들의 영화제'이자 감독들의 등용문으로 자리매김하면서 단편영화의 새로운 활로를 뚫는 데 성공한다.

한편 2003년 문을 연 아시아나국제단편영화제는 또 다른 방식으로 단편영화의 영역을 넓혀나갔다. 미쟝센 단편영화제가 장르 표방과 감독 중심의 운영 등으로 작품 자체의 선명성을 부각시켰다면 아시아나 단편영화제는 영화의 배급 쪽에서 새로운 돌파구를 모색했다. 아시아나항공의 후원으로 운영된 만큼 항공사의 기내 상영을 통해 관객과의 접촉면을 확대한 것이다. 기존의 단편영화들이 대부분 비상업적인 방식으로 영화제 중심의 배급, 상영에 기댈 수밖에 없었던 데 반해, 기내 상영이라는 색다른 방식을 통해 관객과 만날 수 있는 기회의 확대를 도모한 것이다. 이는 단순히 새로운 배급망 확대 이상의 가치가 있었다. 단편영화가 짧은 영상콘텐츠로서 충분히 대중적인 소비가 가능한 독자적인 형식임을 증명, 확인하는 계기가 되었기 때문이다. 장편영화와는 또 다른, 단편이라는 형식의 관객층을 늘려나가는 데 일조했다고 볼 수도 있겠다. 2010년을 기점으로 하여 폭발적으로 증가한 이른바 숏폼 콘텐츠로서의 가치가 일련의 시도들로부터 비로소 자리 잡기 시작했다 해도 과장된 분석은 아닐 것이다. 요컨대 기존의 예술, 실험, 작가주의의 연장에서 성립되었던 단편영화 작업이 상업적, 대중적 가치가 있는, 독립된 콘텐츠로서 서서히 확장되기 시작했다고 해도 좋겠다.

2010~2020년, 양적 팽창과 질적 하락의 시기

그러나 일련의 양적 성장이 반드시 질적인 성장으로 이어지는 것은 아니다. 2010년 이후 한국 단편영화의 고질적인 문제로 지적받는 사항들이 수면 위로 대두되기 시작한다. 대표적인 문제 중 하나가 정체성의 혼란이다. 단편영화의 다양성, 장르적 확대, 관객층 개발 등을 야심 차게 시도한 것은 긍정적이었고, 일부 성과도 있었다. 하지만 이는 동시에 기존의 단편영화가 지향해온 가치를 일부 포기하거나 희석하는 결과로 이어졌다. 예컨대 단편영화의 실험 정신, 만드는 과정 자체의 중요성 등은 상대적으로 약화될 수밖에 없었다. 상업적인 결과물로서 유사한 숏폼 콘텐츠 혹은 장편영화와 동일한 연장선에서 평가를 받기도 했다.

이러한 경향은 당연히 단편영화를 연출하는 창작자들에게도 영향을 끼쳤다. 기존의 단편영화가 창의적인 실험과 과감한 실패를 바탕으로 영화언어의 저변을 넓히는 데 집중했던 반면 기회가 확대되면서 지향점도 달라졌다. 일례로 미쟝센 단편영화제 등 소위 감독들의 등용문으로 인정받기 시작한 영화제는 달리 말해 장편 상업영화로 진출할 수 있는 교두보 역할을 한다. 영화 프로듀서나 제작자 등 실무 인력들이 단편영화제를 인재 발굴의 장으로 활용하기도 한 것이다. 당연히 이를 인지한 연출자 입장에선 신경 쓰지 않을 수 없고, 의식적으로 장편영화를 지향하는 영화들이 쏟아져 나오기 시작했다.

물론 그것만으로 단편영화제의 폐해를 지적하기엔 섣부른

감이 있다. 미국의 선댄스영화제가 할리우드 메이저 스튜디오로의 기회를 열어주는 기능을 한 것처럼 단편영화제가 그와 같은 역할을 맡지 말라는 법도 없다. 문제는 단편영화라는 카테고리 안에서 다양한 경로가 보장되는 것이 아니라 하나의 흐름으로, 다시 말해 상업영화 진출을 위한 실습 작품 정도로 좁혀지기 시작했다는 점이다. 대중적인 가능성을 열고 확장을 시도했지만 결과적으로 빠른 속도로 문이 닫혔다고 볼 수도 있다. 일련의 흐름이 몇 년간 지속되자 대학의 영화학교, 전문영화학교 등에서 교육받고 제작되는 단편영화들은 비슷한 색깔의 작품들을 양산하는 데 몰두하기에 이른다. 작품의 완성도의 척도가 되는 건 기술적인 완성도이고, 상업영화와 흡사한 만듦새에 집중하고 감독의 색깔과 개성이 점차 희미해져 가기 시작한 것이다.

마치 상업영화 예비군, 혹은 2군처럼, 유행하는 장르와 성향의 영화들을 따라가다 보니 몇 가지 패턴에 갇힌 점도 문제로 대두된다. 그리하여 단편영화의 태동기에 품었던 가치, 자본으로부터 독립하여 자유로운 상상력을 펼쳐나가는 영화들은 점차 찾아보기 힘들어지고 이에 따라 단편영화 관객층도 점차 그 활력을 잃어갔다. 일련의 과정은 마치 1920년대부터 50년대까지 할리우드 장르영화의 흥망성쇠와 유사한 흐름으로, 그보다 훨씬 압축적이고 빠르게 진행되었다. 이 시기 단편영화제 수상작, 또는 단편영화로 이름을 알린 감독들이 장편 상업영화에 데뷔하는 기회가 점차 늘었다는 점도 일련의 현상을 가속화시킨 이유 중 하나였다. 2003년 절대악몽 최우수 작품상 〈완벽한 도미 요리〉의 나홍진 감독은 이후 〈추격자〉(2008)로 장편 데뷔를 했고, 2007년 최우수 작품상 수상작 〈12번째 보조사제〉의 장재현 감독은 이를 장편화한 〈검은 사제들〉(2015)로 흥행 감독 반열에 올랐다. 2008년 7년 만에 두 번째 대상을 수상한 조성희 감독은 〈짐승의 끝〉(2010)을 거쳐 〈늑대소년〉(2012)으로 상업영화 시장에 안착한다. 2011년 이윤정 감독의 단편 〈나를 잊지 말아요〉는 동명의 장편영화로 다시 만들어지기도 했다. 이처럼 장편영화 등용문으로서의 영화제의 위상은 한편으론 빼어난 연출자를 발굴하는 안정적인 창구 역할을 했지만 반대로 보자면 1990년대까지 유지되던 단편영화만의 미학과 정체성이 점차 희미해지는 결과로 이어졌다.

물론 일련의 변화를 비단 단편영화 감독들, 감독 지망생들의 탓으로 돌리기엔 구조적인 문제가 적지 않다. 어떤 측면에서 이것은 대중 지향의 상업적 결과물을 향한 압축 성장과 그것을 따라오지 못한 시장의 밸런스가 무너져 발생한 소모적인 결과에 가깝다. 2000년대 들어 단편영화의 규모가 확장되고 시장이 형성되기 시작했다고는 하나, 하나의 독립된 시장으로 자리 잡았다고 보기 힘들 정도로 미약했다. 반면 단편영화의 대중 친화적인 면모가 늘어남에 따라 전통적인 형태의 독립 단편영화, 실험적인 시도들은 빠른 속도로 설 자리를 잃어갔다. 영화제 이외의 다른 통로로 단편영화를 소비하거나 관객들과 만날 수 있는 경로는 더욱 제한되었을 뿐 아니라 협소한 평가 잣대도 문제였다. 단편영화는 작은 영화라는 제작의 특성상 아무래도 학생들의 실습 과정에서 만들어지는 경우가 많은데, 이때 최우선 가치로 삼는 잣대가 이미 기존의 상업영화에 얼마나 가깝게 다가가느냐에 국한되었기 때문이다. 그러다 보니 2000년 이후 단편영화의 경향들도 당시 유행하는 영화의 흐름에 따라 몇 가지 대표적인 갈래로 구획이 가능할 지경에 이르렀다. 만들어지는 과정에 대한 고민보다는 당장 눈으로 보이는 기술적인 완성도에 집착하는 관습이 자리 잡기 시작했기 때문이다. 그리하여 미장센 단편영화제 등이 초기에 내세웠던 가치, 창의적이고 제멋대로이며 개성이 강한 영화들은 점차 줄어들고 실수를 줄이는 영화들이 단편영화의 전반적인 흐름을 장악한다. 개성을 강조했던 것이 역설적으로 장점을 뾰족하게 드러내기보다 단점을 깎아나가는 몰개성의 영화들을 양산하는 분위기로 이어진 것이다.

장르와 대중성을 지향하는 단편영화들의 또 다른 암초는 영화 바깥에서 닥쳐온다. 지금까지의 흐름은 단편영화의 맥락, 영화제의 변화 등을 기점으로 설명하였다. 변화의 기로에서 확장의 가능성도 있었고, 자기 반복적인 경향도 있었지만 더 큰 문제는 영상 콘텐츠 환경의 변화였다. 2010년 이후 극장 플랫폼 이외의 다양한 경로로 영상 콘텐츠가 개발, 확장되는 가운데 소위 쿠키 콘텐츠로 대표되는 짧은 분량의 영상 콘텐츠가 빠르게 소비되면서 잠재적인 관객들의 인식에도 또 한 번 변화가 찾아온다. 시장 점유율 관점에서 '나이키의 경쟁자는 닌텐도'라는 분석은 영상 콘텐츠 시장에도 동일하게 적용할 수 있다. 2000년대 후반 짧은 형태의 영상에 익숙해진 관객들의 입장에서 단편영화는 영화의 연장인지, 아니면 여타 숏폼 콘텐츠의 변형인지 모호한 부분이 발생한다. 짧은 상영시간이라는 물리적인 측면에서 뚜렷한 구분이 없는 가운데 단편영화들은 상대적으로 여타 숏폼 콘텐츠에 비해 훨씬 긴 제작 기간과 비용이 투입되는 만큼 제작과 소비 사이클이 길다. 빠른 호흡으로 유통, 소비되는 방향으로 접근하면 이는 상대적인 약점으로 작동할 여지가 있다. 그렇다고 이제 와서 다시 깊이와 예술성, 작가적인 흐름으로 돌아가기엔 제반 상황이 상대적으로 축소된 측면이 없지 않다. 물론 그 사이에도 여전히 예술적인 관점과 독립의 가치를 중요시하는 단편영화들은 꾸준히 제작되었지만 마케팅, 배급, 상영의 입장에서 더욱 척박한 상황에 내몰린 것이 현실이다. 이러한 환경 변화 속에 이젠 영화제의 역할과 위상도 다시 물을 수밖에 없는 상황이 도래했다. 정리하자면 2020년 이후에도 단편영화제들은 여전히 단편영화의 창구로서 기능할 수 있을 것인지에 대한 근본적인 질문이 필요한 시기인 셈이다.

2020년 이후, 가능성으로서의 단편영화와 단편영화제

2020년 영화주간지 《씨네21》에서 조사한 바에 따르면 10대 관객은 영화를 소비하는 데 있어 극장만을 고집하지 않는다. 롯데컬처웍스와 함께 총 684명의 10대 관객을 대상으로 조사한 이 자료에 따르면 "10대 관객이 영화를 주로 보는 곳은 극장(76%), 넷플릭스(14%), 왓챠플레이(5%), 유튜브(2%), IPTV(2%), 웨이브(1%) 순으로 넷플릭스, 왓챠플레이 같은 OTT 플랫폼을 통해 영화를 보는 관객이 과거에 비해 유의미하게 많아졌다는 것을 볼 수 있다."❶ 장편영화가 아닌 짧은 길이의 콘텐츠라면 이러한 경향은 더욱 두드러진다. 요컨대 어쩌면 이제 단편영화가 집중해야 할 플랫폼은 극장이나 영화제가 아닐지도 모른다는 말이다.

다시 강조하지만 이름은 울타리다. 어디에 방점을 찍느냐에 따라 울타리의 범주가 달라질 수 있다. 전통적인 흐름에서의 단편영화는 영화 중에서 (규모가) 작거나 (상영시간이) 짧은 영화들을 지칭한다. 물론 이는 물리적인 조건에 따른 구분이고 방향과 주제적인 측면에서 본다면 독립, 예술, 실험영화의 그늘 아래서 씨앗을 틔운 만큼 감독의 개성이 강렬하게 반영된 강한 작가주의의 경향을 띠어왔다. 요컨대 단

---

❶ 《씨네21》 1251호, 「특집 대한민국 10대 관객 보고서」.

편'영화'였다. 하지만 코로나 이후 영화 산업과 시스템 전체가 재편되고 있는 지금, 단편영화는 어쩌면 '단편'영화의 카테고리에서 바라보는 것이 더 정확할지도 모른다. 그리고 어떤 플랫폼에서 어떤 형태로 관객들을 만나느냐에 따라서 단편영화의 색채도 자연스럽게 결정될 것이다.

1990년대의 단편영화는 작가적 경향에 집중해왔다. 2000년대에 접어든 단편영화는 대중 친화적인 장르로 영토를 넓혔다. 이윽고 다가올 2020년 이후의 단편영화는 어쩌면 새로운 창구를 요구하는 건지도 모르겠다. 다만 여기서 말하고자 하는 새로운 창구의 방향이 꼭 OTT나 숏폼 콘텐츠 플랫폼인 것만은 아니다. 극장 중심의 영화 시스템이 변화하고 있는 지금 상황은 한편으론 오히려 영화의 순수성을 강화하는 계기가 될 수도 있다. 여러 영상미디어 중의 일부로서의 영화가 아니라 훨씬 견고한 의미에서의 영화적 본질에 집중하는 결과물들이 오히려 기회를 얻을 수도 있다는 말이다. 다시 1980, 90년대의 흐름으로 회귀할 수도 있고, 한층 경쟁력 있는 상업 플랫폼으로 관객과의 접점을 더 넓혀 나갈 수도 있다. 혹은 여러 가지 형태의 단편영화들이 공존하는 이상적인 그림도 가능할 것이다. 단편영화의 가능성 중 하나는 역동적이라는 점이다. '작은 영화'인 만큼 좀 더 변화에 빠르게 반응하고, 여러 가지 가능성을 타진해볼 수 있다. 2021년 '미쟝센', '아시아나'를 비롯한 여러 단편영화제들이 점차 규모를 줄이거나 재정비를 하는 것도 이와 무관하지 않을 것이다. 단편영화의 미래는 아직 결정되지 않았다. 이 작지만 큰, 아니 작기 때문에 커질 수 있는 영화들은 여전히 무한한 상상력을 품고 잠시 숨고르기를 하며 새로운 길을 모색 중이다.

∞

한국 단편영화는 한국 영화의 우주를 이루는 별자리였다

———

문학산

문학산 부산대 예술문화영상학과 교수, 영화평론가

2001년부터 전주국제영화제 단편영화 비평가 주간에 합류하여 비평가들과 공저 「한국 단
편영화의 쟁점들」 여섯 권 집필에 참여하였다. 단편영화 관련 저술은 「한국 단편영화의
이해」가 있으며, 감독 연구 삼부작 「10인의 한국영화 감독」(2004), 「한국 독립영화감독 연
구」(2011), 「거장의 나무—세계영화감독연구」(2021년 7월 출간 예정)를 집필하였다.

단편영화의 주소는 어디인가

어린 묘목을 바라보면 어떤 나무로 성장할 것인지 짐작할 수 있다. 수종들을 보면 숲의 건강한 생태와 건강한 서식 분포를 한눈에 헤아릴 수 있다. 건강한 숲은 다양한 수종이 등고선을 따라 각각의 수목들이 자연스럽게 군락을 이루고 토질과 기후에 따라 꽃과 나무 모양이 다채롭다. 바닷가의 숲은 곰솔이 군락을 이루며 바닷바람을 막아내고 거친 토질에는 갈참나무와 굴참나무 들이 숲을 이룬다. 특정한 수종만 가득한 천편일률적인 숲은 오랜 시간을 견디지 못하고 황폐해질 우려가 있다. 영화의 생태계도 크게 다르지 않을 것이다. 충무로와 할리우드의 시스템에 걸맞은 맞춤형 장르와 기획 영화가 극장의 상영시간표를 점령하고 독립영화는 잡초 취급

한국 단편영화는 한국 영화의 우주를 이루는 별자리였다

을 받는다면 건강하지 못하다. 그 시장의 생태계는 획일적 작품의 관습적 재생산으로 인해 자체 한계로 쇠락의 길을 걸을 것이다.

단편영화의 주소는 소나무와 참나무가 주종인 산에 서식하고 있는 서어나무와 까치박달 나무이며, 계곡에서 자생하는 오동나무와 쥐똥나무의 흰 꽃과 나도밤나무의 넓은 잎과 줄기가 얼룩덜룩한 육박나무 들에 가깝다. 단편영화의 존재는 한국 영화라는 프레임을 구성하는 모자이크의 한 칸, 한 칸을 채우는 색들과 점들이다. 색과 점이 뺄셈으로 비워지면 그 잔해가 공백으로 남을 것이다. 여러 점과 색이 덧셈으로 채워질 때 건강함과 명랑함으로 충만한 작품성이 유지된다. 단편영화는 한국 영화의 건강한 풍경을 완성하는 데 필수 불가결한 존재자들이며 한국 영화의 소중한 질료이다.

유용성의 시각에서 살펴볼 때 단편영화는 감독들이 충무로로 진출하기 위한 사다리였으며 이에 대한 책임 추궁도 빈번하게 이루어졌다. 한국 단편영화의 주류는 영화학교 출신들이며 이들은 졸업 작품과 제작 실습 작품을 연출한다. 이들 작품의 출처는 영화학교의 과제이자 졸업 요건을 충족하기 위한 통과의례이다. 다른 집단은 학교 제도권 밖의 영역에서 작업하는 감독들이다. 단편영화는 영화학교와 비영화 학교로 구분하여 그들의 작품을 이분법적으로 구획 짓는다. 제도권과 비제도권의 구분은 소속에 대한 질문이며 다른 질문은 정치적 입장에 충실한가와 경제적 논리에 집중하는가 라는 문항이다. 정치적 입장은 1980년대 이후 정치적 목소리를 강조한 정치적 아방가르드의 선봉대 역할을 수행한 한국 독립영화의 계보를 적극적으로 수용한 리얼리즘과 영화의 사회적 책무로 수렴된다. 경제적인 논리는 작품의 완성도에 공을 들이며 장르적 경향과 관습적 주제의 함몰이라는 비판으로부터 자유롭지 못했다. 이분법은 한국 단편영화를 가르는 기준이며, 단편영화제도 이와 같은 경향을 대변하여 실험적 다양성과 정치적 저항과 발언을 지지하는 1996년 인디포럼과 기성 충무로 감독들이 심사위원으로 참여하여 장르적 관습에 충실한 영화를 지지하는 미쟝센 단편영화제로 대별되었다.

여기서 소속의 문제, 지향성의 문제, 영화제의 경향으로 세분화한 한국의 단편영화의 범주 안에는 수많은 작품과 감독이 포진되었다. 이 범주 안에 가족 서사와 정치적 올바름과 형식적 실험 그리고 사랑과 같은 다채로운 주제들과 일기 형식으로 영화를 만들어가는 시네다이어리, 정치적 발언과 미학적 실험을 실천하는 정치적, 미학적 아방가르드라는 형식적 실험들이 배치되었다.

한국 단편영화는 단편영화라는 시간의 제약을 넘어서 장편영화가 담아낼 수 없는 색과 이념을 수납하는 강이자 바다와 같다. 이상용은 학교와 제도권 밖의 감독들이 만든 단편의 경향을 '사회적인 것과 장르적인 것'으로 구분하고 전자는 "개인적인 욕망의 발현이나 표현의 수단으로 삼기보다는 공적인 영역"●을 강조한다는 점에서 변별점을 찾았다. 두 입장의 차이에도 불구하고 영화에 대한 애정과 관객을 향한 태도에서 접점을 찾을 수 있다. 이상용은 "하나는 영화의 윤리라는 책무를 다하는 것처럼, 다른 하나는 상업적 욕망을 대변하는 것처럼 받아들여졌지만 두 영역 모두 관객을 향한 공적인 영역에 관심을 둔다는 것"●●에서 교집합을 이룬다고 본다. 단편영화는 제작자의 자리에서 자신의 시각으로 세상을 바라보고 자신의 언어로 발화한다. 이 지점은 단편영화의

● 이상용, 『한국 단편영화의 쟁점들 3』, 소도, 2005, 17쪽.
●● 같은 책, 19쪽.

정체성이면서 동시에 감독에게 자신의 이야기를 자신의 언어로 발언할 수 있는 기회를 부여했다는 점에서 주목된다. 감독의 사적인 이야기는 영화적 발화과정을 통해 사회와 역사라는 공적인 담론을 생산할 수 있는 것이다. 단편영화는 동시대 젊은 세대의 시선과 목소리를 담아내고 발화의 실천을 통해 미래로 향하면서 아울러 한국 영화의 미래라는 숲을 무성하게 한다.

단편영화는 사회와 장르, 정치와 산업, "영화적 성취도는 떨어지지만 의미 있는 독립영화와 독립영화라고 말하기는 힘들지만 영화적으로 뛰어난 영화"●라는 이분법 너머에, 자신의 시선으로 동시대와 세대에 대해 발언하고 영화적 실천이라는 너머의 가치를 추구하는 데 그들의 주소지가 존재한다. 실천과 존재의 영역 팽창은 인디포럼에서 거칠고 날이선 목소리를 담아내고, 서울독립영화제는 잘 다듬어졌지만 여전히 야성의 표정을 간직한 작품을 지지하고, 미장센 영화제는 충무로의 영화들과 어깨를 나란히 할 만큼 장르 규칙을 준수한 영화까지 수용한다.

● 유운성, 『독립영화』, 2003.

영화제는 단편영화의 경합장이자 단편영화 감독의 발견의 장, 한국 영화의 천연림에서 성장하는 치수림(稚樹林)이자 새로운 수목들의 전시장 역할을 능동적으로 수행했다. 영화제는 일차적으로 한국 단편영화를 발견하고 평가하는 자리였지만 이차적으로는 미래의 한국 영화를 성장하게 하는 수목원이었다. 단편영화 제작 열기와 영화제의 활성화는 2000년대 이후 한국 영화의 역동성과 다양한 작가영화들이 꽃을 피우게 하였다. 다양성과 혼종성의 넓은 그물과 당위성과 자유분방성이라는 긴장된 길항 관계는 단편영화의 현주소이자 미래 한국 영화의 모형도이다. 단편영화의 생산은 현재 한국 영화의 식목 작업이며 미래 한국 영화를 가늠하는 척도이다. 단편영화는 이윤 추구의 상업주의에 포박되기도 하지만 영화의 본질은 무엇인가, 영화는 시대와 사회를 위해 어떤 역할을 수행할 수 있는가에 대한 성찰적 질문을 던지는 예술적 순수주의로 퇴로를 만들기도 한다. 상업주의와 예술지상주의 사이에 수많은 단편영화와 장편영화가 서식하고 있다. 한국 단편영화의 영속적 등장과 스펙트럼의 확장은 한국 영화에서 한국의 사회 전반에 걸친 예술적 분위기와 풍경에 긍정적 변화를 촉발한다. 단편영화는 한국 영화의 다양성과 혼종성과 정체성을 성찰하는 데 적극적인 기여를 하며 한국의 성숙한 문화를 이끄는 무언의 아방가르드를 말없이 수행했다.

한국 단편영화의 주소지는 영화중심주의였다. 영화는 현실의 거울이어야 한다, 영화는 실험적이어야 한다, 영화는 민족과 민중 해방운동에 복무해야 한다, 영화는 제도권 영화에 대항해야 한다, 영화는 관객에게 달콤한 사탕과 맛있는 빵이어야 한다, 영화는 이윤 창출의 목적에 복무해야 한다. '해야한다'의 당위로 무장된 엄숙주의와 손익분기점의 강박에 포박된 상업주의를 거부하고 '이러한 것들만 가치 있다'라는 합의된 가치와 낡은 관습적 평가를 부정하는 자리에 단편영화가 거주한다. 이곳은 산업적 고려, 합의된 가치의 존중, 무겁게 부과된 역사적 정치적 책무는 후경으로 밀어내고 모든 가치를 균등하게 수용하고 고저장단으로부터 자유로운 수평주의를 지향한다. 단편영화의 영화적 수평주의는 '나는 영화를 사랑한다. 나는 영화를 만들고 싶다', '모든 영화는 가치가 있다'는 영화중심주의이며, 영화를 만든다는 유일한 목적의식, '영화란 무엇인가'라는 질문에 밤을 지새우는 영화적 근본주의까지 모두 수레에 싣고 달리는 영화기관차의 이름이다. 단편영화는 이념도, 이윤도, 예술도 모두 용광로에 녹여서 '영화를 만든다. 영화를 한다'라는 열정을 밑거름으로 조성된 무성한 한국 영화 숲이며 한국 영화의 미래가능성의 다른 이름이다.

규정불가능성과 불균질성의 맛

서울단편영화제에서 임순례의 〈우중산책〉(1994)과 정지우의 〈생강〉(1996) 그리고 송일곤의 〈간과 감자〉(1997)가 대상을 수상하였다. 도시 주변부의 극장에서 근무하는 여성의 일상과, 학생운동을 하였던 386세대의 잔상과, 유럽을 배경으로 성경의 희생 모티브를 무겁게 담아낸 작품 들이었다. 타자에 대한 지지와 사회의 변혁을 위해 움직인 인간과 전쟁과 희생양이라는 주제는 단편영화의 최소한의 존재 이유로 강조되었다. 주제적 깊이는 단편영화에 강박적으로 요구되었다.

한국 단편영화는 정치적 올바름과 인생에 대한 진지한 성찰 그리고 다양한 형식적인 실험이라는 세 가지 덕목에서 벗어나는 순간 모진 비판과 비난과 외면을 감당해야 했다. 단편영화에 대한 우려는 대체적으로 세 가지 범주 밖에서 작업하는 다수의 작품과 작가에게 내려진 평가이자 비판이다. 영화평론가 정지연의 하소연은 바로 괄호 밖의 수많은 단편영화에 대한 애정 어린 질타이다. 2008년 전주국제영화제에 출품된 610편의 단편을 심사한 후기는 "'노동하는 인간'을 발견하기 힘들고, 자신이 살아가는 '공동체를 근심하는 인간'을 발견하기 힘들며, 자신에게 가해진 사회적 모순이나 경제적 불안에 대해 '저항하는 인간'을 발견하기란 정말 힘들다"[•]라는 토로였다. 노동, 공동체, 저항의 정신에 대해 적극적으로 실천하고 피 흘린 작품의 부재에 대한 아쉬움이 묻어있다. 몇 년이 지난 시기에 한 영화제의 단편영화 심사 후기는 "수백 편 중 절반이 훨씬 넘는 영화들을 두 부류로 나누면 '왕따 영화'와 '편의점 영화'이며 말 그대로 전자는 중고등학교에서 왕따에게 가해지는 폭력을 다루고, 후자는 편의점에서 아르바이트하는 청년들의 가난"[••]을 다루고 있다며 영화를 양분한다. 단편영화가 이분법적인 시각에서 무기력한 경제적 상황과 폭력에 대해 피상적으로 담아내고 저항보다는

[•] 정지연, 『한국 단편영화의 쟁점들 6: 탈정치 세대의 영화』, 소도, 2008.

[••] 남다은, 『감정과 욕망의 시간』, 강, 2019, 434쪽.

현상의 제시에 머문다는 평가에는, 치열하지 못한 태도에 대한 우회적인 불만이 내재해 있다.

그럼에도 불구하고 단편영화는 학생들이 주체이고 그들의 세대와 제작 여건은 시선의 순수함과 생경함에 지배되며 다양한 목소리와 아마추어적 시도와 사적인 내면으로부터 자유롭기 힘들다. 한국 단편영화는 충무로 대중영화가 선뜻 담아내기 힘든 사적인 내면, 지극히 개인적인 자의식 과잉, 장르 과잉, 타자들의 몸짓과 감추어진 욕망과 거대서사가 수용하기 어려운 틈을 벌리고 메꾸는 일에 소홀하기 힘들 것이다. 틈과 너머의 자리에 단편영화의 정체성과 책무가 자리함을 불가피하게 수긍해야 한다.

과잉과 틈새와 바깥은 충무로 대중영화가 소홀하거나 외면한 지점이다. 하지만 이것은 현대 예술이 서식하는 곳이며 현대 미학이 현미경을 들이대는 지점이다. 이곳은 영화 미학이 꿈틀거린다. 단편영화는 기존의 정립된 미학과 범주를 타파하고 개념과 불화하고 불균질한 상태를 옹호한다.

한국 단편영화는 정체성이라는 이름으로 하나의 그물에 다 집어넣을 수는 없으며 사조적으로 리얼리즘과 초현실주의까지 펼쳐지며 내용적 측면에서 사적인 자의식과 공적인 발언까지 담아내는 혼종적 우주의 맛을 보여준다. 혼종적 우주의 맛은 이분법을 거부하고 그 너머와 틈 사이에 존재하는 영화의 우주를 펼쳐낸다는 점에서 가능성의 영토를 무한 확장한다. 김현은 함석헌의 『뜻으로 본 한국 역사』의 서평에서 고난의 땅에 대한 성스러운 사명감을 찾는 한국 역사를 바라보는 시각에 '고난의 시학'이라는 이름을 부여했다. 고난의 시학은 "고난을 당하고 있는 사람은 그 고난의 의미를 되새겨 고난이 되풀이되지 않는 길을 발견하고 저항하면서 불의와 투쟁하는 것"**⦿**에 대한 지지와 의미 부여였다. 한국 단편영화는 고난도 희망도 모두 무차별적으로 수용하고 작가적 실험과 상업적 타협도 나란히 받아들인다. 이는 수백 갈래의 물줄기를 수납하는 바다와 같은 혼종적 우주의 시학(맛)으로 이름 지을 수 있다. 바다의 포용성은 비판의 표적이 되기도 하고 가능성의 기대를 열어주면서 논쟁의 시간을 거쳐서 기름진 한국 영화라는 숲을 일구는 건강한 거름으로 숙성된다.

첨언하자면 단편영화는 모든 사람의 보편적인 눈이 아닌

⦿   김현, 『분석과 해석/보이는 심연과 안 보이는 역사 전망』, 문학과지성사, 2015. 268쪽.

작가 자신만의 날카로운 시선으로 세상을 보는 풍경을 프레임에 채우기도 하고 표준렌즈가 아닌 망원렌즈telephoto lens와 매크로렌즈macro lens로 먼 것을 가까이 작은 것을 크게 확대해서 보는 시선의 다양함을 허용한다. 그럼에도 불구하고 절반 이상의 단편영화는 상투적인 이야기를 관습적인 시선으로 담아내는 상투성으로 투항하거나 관습의 안온함에 머물거나 아마추어리즘의 질박함에 함몰되기도 한다. 단편영화는 냉정한 선택과 배제보다는 수평적인 시선으로 바라볼 때 포용의 미덕과 혼종의 포괄성을 획득한다.

단편영화는 규정불가능의 영역에서 서식하는 예술이다. 규정불가능성은 상투성과 결별하기도 하지만 관습의 성에 공고하게 성채를 마련하기도 한다. 규정불가능성은 실험성의 전위에 서기도 하고 정치적 무기로 동원되기도 하고 장르의 모방과 작가의 영향에 적극 노출되기도 한 다양성과 역동성의 용광로의 다른 이름이기도 하다. 단편영화의 정체성은 이분법적인 범주에 나란히 배치된 질서정연한 사물들이 아니라 불균질적이고 모호한 경계를 만들고 지우고 넘나드는 무질서와 불균질과 가시와 비가시의 충돌을 모두 수용하는 확장된 영화의 우주에 가깝다. 한국 단편영화는 혼종적 우주의 맛으로 수렴되어 한국 영화의 개방성과 가능성을 담보하는 기둥으로 자리한다. 개방성과 혼종성의 이름으로 조성된 한국의 단편영화는 불균질과 규정불가능성의 모자이크화이다. 이 그림에는 한국 사회를 영화로 꼭 집어서 들어낸 김선민의 〈가리베가스〉(2005)와 같은 리얼리즘의 정신에 충실한 작품, 자유분방한 윤성호의 〈이렇게는 계속할 수 없어요〉(2005)라는 행성이 존재하고, 이종필의 로드무비 〈불을 지펴라〉(2007)와 장훈의 좀비 영화 〈불한당〉(2007)까지 소나무 같은 양수陽樹와 전나무, 단풍나무 같은 음수陰樹 그리고 야생초와 야생동물이 서로 어울려 서식하는 거대한 숲이 있다. 한국 단편영화의 이와 같은 천연 숲 같은 불균질성과 규정불가능성은 한국 영화의 자유분방성과 개방성의 자양분이 되었다. 단편영화는 치수림이 성숙림成熟林으로 생태천이生態遷移 되듯이 현대 영화에서 미래 영화로 진화한다. 아니 단편영화는 미래 영화로 명명될 존재들이 미리 도착한 미래이다. 단편영화는 미래를 현재에 견인하여 미리 도착한 미래의 미학과 정체성 그리고 영화의 팽창된 세계를 가시화하고 타성의 의자에서 졸고 있는 충무로 영화를 일깨우는 전위의 채찍이자 푸른 종소리다.

단편영화제가 발견한 작품과 작가라는 별자리

1994년에 개막된 서울단편영화제는 한국 단편영화의 상영 장이자 축제의 마당을 제공하였다. 이 영화제를 통해 미래의 한국 영화 감독들은 자신의 습작품과 대표작을 통해 자신의 이름을 드러냈다. 이들의 명단은 임순례, 정지우, 송일곤, 문승욱, 곽경택, 김용균, 임필성, 이상인 등으로 열거할 수 있다.

1994년 서울단편영화제는 단편영화들이 대중들과 만나는 장을 만들었다. 1984년 '작은 영화를 지키고 싶습니다'라는 이름으로 관객들에게 영화제의 형식으로 소개된 단편영화는 소수 영화 애호가나 영화운동을 지향하는 영화인들의 비장한 목소리이자 실천의 성과들이었다. 1994년 삼성의 지원으로 개최된 서울단편영화제는 유학생과 영화집단에서 활동하는 영화인들이 모두 참여하는, 유학파와 학생 그리고 충무로를 겨냥하는 예비 대중영화인과 영화운동을 지향하는 영화집단의 결과물들의 전시장이었다. 유학생 출신의 임순례는 〈우중산책〉(1994)으로 단편영화제에서 수상하면서 〈세 친구〉(1996)라는 저예산영화를 통해 충무로에 진입하였다. 영화창

작집단인 청년에서 제작한 정지우의 〈생강〉이 단편영화제에서 주목받으면서 정지우는 〈해피엔드〉(2003), 〈사랑니〉(2005)를 충무로에서 제작하였다. 청년영화는 청년필름으로 진화하여 박찬욱, 임필성, 김조광수 등이 대중영화를 제작하면서 충무로로 진입하여 영화집단의 충무로 진출의 전형적인 예가 되었다. 단편영화는 묘목에서 충무로라는 숲으로 이식되었지만 영화집단과 영화운동 세력 그리고 유학생 출신과 영화학교 출신들이 혼재하여 단편영화의 작품 경향만큼 다채로운 한국 영화의 숲을 조성하였다. 단편영화는 한국 영화에 혼종성과 다양성이라는 정체성을 부여하는 데 적극적으로 기여했다.

단편영화는 영화제의 장을 경유하여 작가로서 발견되고 독립영화의 장에서 활동하거나 충무로 대중영화의 산업으로 편입되었다. 단편영화의 상영 공간은 1994년 서울단편영화제와 금관영화제에서 1999년 한국독립영화제로 변경되고 2002년 이름을 바꾼 서울독립영화제는 단편영화의 상영 공간이자 미래 감독의 발견의 장이었다. 1998년은 한국독립영화협회가 창립되고 미로비전과 인디스토리가 활동을 시작하면서 배급과 상영 공간이 확장되면서 단편영화의 활성화를 촉진하였다.

1996년 독립영화 감독들이 주창하여 출범한 인디포럼은 스펙트럼이 넓은 단편영화를 상영하였다. 독립영화 감독들이 작가회의를 결성하고 문화학교 서울의 시네필들이 기획한 인디포럼은 독립영화와 단편영화의 치수림이었다. 1996년 출범하여 2002년 '꽃순이 칼을 들다'라는 슬로건을 통해 독립영화가 한국 영화계에서 어떤 위상을 차지해야 하며 어떤 담론을 생산해야 하는지에 대한 질문과 성찰을 했다. 인디포럼에서 박찬옥의 〈느린 여름〉(1998), 이송희일의 〈굿로맨스〉(2001), 양해훈의 〈바람〉(2003)이 상영되었다. 대기업 자본으로 운영되던 서울단편영화제 이후 영화제의 규모와 성격은 소규모 자본과 활동가 중심의 독립영화제로 재편되었다. 서울독립영화제와 인디포럼은 대표적인 단편영화 상영 공간이었다. 서울독립영화제는 류승완, 김동현, 김종관, 곡사, 송혜진, 김정구, 윤성호, 김진만, 민용근 등의 작품을 주목하였다.

2002년 인디포럼과 대척점에선 장르 중심의 단편영화를 지지하고 발견하는 미쟝센 단편영화제가 개막되었다. 미쟝센 단편영화제는 이현승 감독의 제안으로 김성수, 김대승, 김지운, 류승완, 박찬욱, 봉준호, 허진호 감독 등이 참여하면서 단편영화 저변확대와 감독을 양성한다는 취지로 출발하였다. 서울단편영화제를 비롯해 서울독립영화제, 인디포럼과 미쟝센 단편영화제는 모두 미래의 한국 영화를 가늠해 볼 수 있는 견본시이며 동시에 단편영화의 완성도와 다양한 형식적 실험을 경합하는 경쟁의 장이었다. 영화제는 단편영화를 발견하고 단편영화는 한국 영화를 견인하고 한국 영화는 미래의 가능성을 열어갔다.

서울독립영화제에서 선택받지 못한 보다 다양한 영화들을 존중하고 단편영화의 상영 기회를 확장한 인디포럼영화제와 2002년 7월의 미쟝센 단편영화제의 개막은 단편영화의 상영 기회 확산을 촉발했다. 미쟝센 단편영화제는 이현승 감독이 집행위원장을 맡으면서 충무로 현장에서 왕성하게 활동하는 현역 감독들의 눈높이에서 단편영화를 선택하는 기준으로 장르 지향적이면서 동시에 충무로 영화의 기준에 부합한 영화들을 선택하였다. 인디포럼의 한국 영화문화에 대한 성찰을 토대로 한 정치적, 미학적 아방가르드 개방성과 미쟝센 단편영화제의 충무로 웰메이드 지향성은 한국 단편영화의 양적 확산과 질적 심화와 진화로 향한 열린 공간을 만들었다.

한국에서 단편영화는 매년 1,000여 편 이상 제작되고 있다. 미장센 단편영화제에 출품된 작품 수는 적게 출품된 해는 2003년 411편 정도이며 많은 경우는 2012년 926편에 이르렀다. 어림잡아 헤아려도 2000년대 이후 한국에서 매년 500편에서 1,000편 정도의 단편영화가 제작되었다.

단편영화는 충무로 영화의 미학적, 장르적 스펙트럼 확장과 실험을 자극하였다. 작가군은 단편영화의 작업을 통해 작가로 인정받아 충무로에 진출한 감독과 독립영화의 장에 머무르는 작가로 대별된다. 전자의 대표적 사례는 류승완과 김한민, 나홍진이다. 류승완은 한국독립영화제에서 〈현대인〉(1999)으로 수상하면서 언론의 주목을 받았다. 그리고 영화마을의 지원과 젊은 영화비평집단의 지지로 단편영화를 옴니버스 형식의 장편영화로 발전시켰다. 그 작품은 16mm 장편영화 〈죽거나 혹은 나쁘거나〉(2000)로 저예산영화의 산업적 가능성을 열었으며, 그는 이후 충무로 액션영화의 대표적인 감독으로 입지를 구축하였다. 류승완은 액션 장르에 천착하여 〈주먹이 운다〉(2005), 〈짝패〉(2006), 〈부당거래〉(2010)로 자신의 필모그래피를 이어갔으며 이는 단편 〈현대인〉의 기원 서사와 장르에 뿌리를 두고 있다. 장르영화를 천착한 감독은 대체적으로 단편과 장편영화의 연속성을 지닌다. 류승완과 나홍진 그리고 김한민의 경우가 이를 입증한다. 나홍진의 〈완벽한 도미요리〉(2005)는 〈추격자〉(2008)의 스릴러와 거리를 두지만 완벽한 영화적 완성도라는 측면에서 웰메이드 한국 영화와 단편영화의 거리를 좁혔다. 김한민은 단편영화 〈그렇게 강두식은 김순임을 만났다〉(1999)에서 멜로드라마와 코미디와 실험영화의 장르 혼합을 시도하였으며 강우석 아카데미 시절 제작한 단편영화 〈갈치 괴담〉(2002)에서 공포영화의 장르를 실험한 다음 〈극낙도 살인사건〉과 〈명량〉(2014)으로 공포영화와 역사영화 장르로 충무로 대중영화를 주도하고 있다. 단편영화는 장편영화로 가는 가교 역할을 통해 대중영화 감독의 정체성을 입증하였다.

장르보다는 작가의 행보를 유지하면서 독립영화의 장에 머무는 작가군은 송일곤 그리고 김종관, 영화집단 파적의 이진우, 박정범, 강진아, 오점균, 윤가은 등이 포진해있다. 송일곤은 폴란드 영화학교 유학생이었다. 송일곤은 〈간과 감자〉로 서울단편영화제에서 대상을 수상했으며 그 이후 칸영화제에서 〈소풍〉(1999)으로 심사위원 특별상을 수상하면서 주목받았다. 송일곤은 이후 〈꽃섬〉으로 장편 입문하여 〈거미

숲〉(2004)과 〈마법사들〉(2006)로 자신의 세계를 구축하여간다. 김종관은 서울독립영화제에서 최우수 작품상을 수상한 〈낙원〉(2005)과 전주국제영화제의 비평가 주간에서 지지받은 작품인 〈사랑하는 소녀〉(2003)와 정유미를 캐스팅하여 사랑에 빠진 소녀의 감정을 클로즈업으로 포착한 〈폴라로이드 작동법〉(2004), 실험적인 작품인 〈누구나 외로운 계절〉(2006)과 〈침묵의 대화〉(2006), 〈드라이버〉(2006) 등으로 이미 작가의 반열에 올랐다. 김종관은 감성적 미장센과 실험적 형식으로 작가적 일관성을 유지하면서 〈눈부신 하루〉(2006)와 〈최악의 하루〉 그리고 〈더 테이블〉(2017)로 자신의 영화 세계를 심화한다. 그는 최근 일본 작품을 리메이크한 〈조제〉(2020)를 연출하여 작가적 행보를 넓혀갔다.

영화집단 파적에서 활동한 이진우 감독은 영상원에 진학하여 제작한 〈바람이 분다〉(2006)로 부산국제영화제에서 선재상을 수상하였으며 서사적 실험의 극치를 보여준 〈모퉁이의 남자〉(2008)를 통해 한국 단편영화의 형식과 주제의 확장을 주도하였다. 미장센 영화제에서 두각을 나타낸 신재인은 〈재능있는 소년 이중섭〉(2001)과 〈그의 진실이 전진한다〉(2002)를 통해 장르 비틀기와 독창적인 풍자로 그의 독보적 입지를 구축하였다.

박정범 감독은 이형석과 공동 연출한 〈사경을 헤매다〉 (2001)와 단독 연출한 단편영화 〈125 전승철〉(2008)을 통해 자신의 입지를 구축하였으며 〈125 전승철〉을 발전시킨 장편 〈무산일기〉(2011)로 작가적 입지를 굳혔다. 단편영화를 토대로 장편으로 발전시키는 상호텍스트적 확장의 사례는 박정범과 박선주 그리고 오점균의 작품으로 계보를 이룬다. 박선주 감독은 단편 〈미열〉(2017)을 통해서 트라우마로 인한 부부 사이의 감정적 균열과 갈등을 미열이라는 제목으로 포착했다. 〈미열〉은 다시 장편으로 발전하여 〈비밀의 정원〉(2021)에서 이사라는 모티프를 통해 과거의 기억으로부터 심리적 이주를 시도하여 상처와 치유 그리고 화해의 문제로 확장하였다. 〈미열〉은 〈비밀의 정원〉의 기원 서사이자 맹아이다. 박정범의 〈125 전승철〉은 〈무산일기〉의 기원 서사이자 맹아에 가깝다. 강진아는 박정범과 박선주의 계열과 차별화하여 원작의 테마에 보다 깊이 파고든다. 강진아는 〈백년회로 외전〉(2009)의 두 남녀를 〈환상 속의 그대〉(2013)에서 세 사람의 관계로 재배치한다. 세 인물의 관계는 죽은 이의 귀환으로 경계와 감정의 문제를 변형한다. 오점균 감독도 단편을 하이퍼텍스트로 하여 인용하거나 변형한 장편의 서사를 펼쳐간다. 단편 〈생산적 활동〉(2003)을 하이퍼텍스트로 다소 이질적인 서사가 개입하고 확장한 장편 〈생산적 활동〉(2006)을 완성하였다. 단편영화는 장편영화의 기원 서사로 작용한다. 단편영화의 기원 서사가 장편영화로 진화하는 것은 현재 한국 영화계에서 단편영화의 역할과 정체성을 은유적으로 드러낸다. 감독의 단편영화가 기원 서사로 장편영화로 변형되고 진화하였다면, 단편영화는 충무로 대중영화와 독립영화가 이루고 있는 한국 영화의 숲으로 이식될 묘목이며 미래의 영화 생태계를 보여주는 한국 영화의 견본 시장이다. 단편영화가 미래의 한국 영화를 예견하고 있다는 것은 단편영화에서 진화하고 변형된 작품들이 설득력 있게 보여주고 있다. 선명한 예시로, 어린 소녀가 제사상에 진설할 콩나물을 사기 위해 시장에 가는 로드무비인 윤가은의 〈콩나물〉(2013)은 어린이들의 집단 따돌림을 감성적으로 연출한 장편영화 〈우리들〉(2016)의 출현을 예시하고 있었으며 단편영화와 장편영화의 정서적 측면이나 의미적 측면에서 서로 겹치는 데칼코마니다.

2000년대 한국 단편영화의 양적 풍년과 질적 심화는 한국

영화의 시장 점유율 증가와 자국 영화 관람률 증가 그리고 해외 수출과 배급의 성장과 해외영화제 수상작 배출이라는 결실로 이어졌다. 이 시기에 등장한 단편영화 작품들은 헤아릴 수 없이 많으며 영화제의 검증을 받은 작품을 간추려 열거하면 다음과 같다. 자본주의의 개발 논리로 인해 변화된 장소인 가리봉동에서 경기도로 이주하는 노동자를 통해 한국 현실과 노동자의 감정적 연대를 담백하게 담아낸 김선민의 〈가리베가스〉(2005), 재중동포 여성의 낭만적이고 명랑한 삶의 태도를 잘 재현한 이미랑의 〈춘정〉(2013), 미쟝센 단편영화제에서 주목받은 작품인 이수진의 〈적의 사과〉(2007), 남궁선의 〈최악의 친구들〉(2009), 조성희의 〈남매의 집〉(2009), 강진아의 〈백년회로외전〉(2009), 이충현의 〈몸 값〉(2010), 신이수의 〈라라에게〉(2010), 롱테이크로 술 마시는 분위기와 감정을 포획한 김한결의 〈술술〉(2011) 등을 들 수 있다. 칸영화제에서 수상한 양효주의 〈부서진 밤 Broken Night〉(2011), 뮤지컬 장르로 환상을 표현한 〈유월〉(2018)과 전주국제영화제 비평가 주간에서 초청된 김보정의 〈생리해서 좋은 날〉(2005), 김현필의 〈도로 눈을 감고〉(2004), 장훈의 〈불한당들〉(2007), 박이웅의 〈수정탕 둘째 딸〉(2007), 한지혜의 〈기차를 세워주세요〉(2008), 귀농한 이지상 감독의 불교 십우도 연작과 시네다이어리를 결합한 〈십우도 1─심우, 흰 구름〉(2004), 〈십우도 2─견적, 哀〉(2005), 이종필의 〈불을 지펴라〉(2007) 등 다채로운 단편영화들이 한국 장편영화와 함께 한국 영화라는 거대한 별자리를 이루고 있다.

김종관과 이지상, 이진우, 송일곤, 이송희일, 박찬옥, 윤가은, 곡사, 윤성호, 한지혜, 강진아의 자리는 충무로 대중영화를 비롯한 수많은 다른 영화들과 함께 한국 영화의 별자리를 만들어낸다. 그들이 아름답게 분포한 별자리와 생태계 그리고 차이는 한국 영화의 건강성을 지켜준다. 단편영화는 한국 영화의 미래를 예견해주고 현재의 비옥한 생태계를 유지하는 치수림이자 필수 영양소 같은 존재이다. 단편영화가 침체되는 순간 한국 영화의 별자리는 빛을 잃게 될 것이고 한국 영화의 건강한 균형은 붕괴될 것이다. 단편영화는 상영시간이 짧지만 그 가치와 미학적 깊이는 크고 넓다. 단편영화는 한국 영화의 치수림이자 충무로 대중영화의 발원지이며 한국 영화의 원적에 가깝다. 그러므로 단편영화는 미리 도착한 예술이며 한국 영화의 삭제할 수 없는 원형질이다.

'영화'에서 '단편'으로

———

장병원

장병원 영화평론가

─────

영화전문지 《FILM 2.0》 편집장을 지냈고, 2013년부터 2019년까지 전주국제영화제 프로
그래머로 일했다. 영화글을 쓰면서 대학에서 학생들을 가르치고 있다.

─────

코로나 팬데믹이 휩쓸고 간 자리에 새로운 질서가 세워지리라는 전망이 도처에 범람하는 상황은, 모든 걸 갱신된 토대 위에서 다시 시작하라고 주문한다. 대다수의 예측과 기대는 빗나갈 때가 많지만 기왕의 규범들을 재편한 세계가 펼쳐질 수 있다는 이야기들이 거의 모든 영역에서 힘을 얻어간다. 영화계 역시 상전벽해에 비유될 이 격랑을 헤쳐가고 있는 중이다. 단편영화 축제의 간판 격이었던 단편영화제들의 부침, 단편영화 조직과 운영의 난맥상은 '단편영화의 죽음을 암시하는 징후인가'라는 문제의식이 이 기획의 출발점이라고 들었다. 그러나 이 글은 단편영화의 죽음 또는 위기에 대한 진단이나 분석이 아니라 하나의 견해이고, 제언이다. 국내에서 개최되는 유수의 단편영화제들인 미쟝센 단편영화제(이하 '미쟝센')와 아시아나국제단편영화제(이하 '아시아나')의 존속이 불

'영화'에서 '단편'으로

투명해진 마당에 뒷북을 치는 일일 수도 있겠다는 생각이 든다. 그러나 다른 한편으로 파괴가 있어야 재건도 가능한 것이 아니겠는가? 앞에 던진 질문에 앞질러 대답을 하자면 단편영화는 언제나처럼 살아있을 것이고 단편영화제 역시 계속될 것('아시아나'가 새로운 스폰서의 출연을 받아 축제명, 조직 등을 재편하고 지속될 것이라는 소식도 전해졌다)이다. 전시 행위와 큐레이토리얼 실천으로서 단편영화제는 축제 현상의 당사자들을 매개하는 데 있어 여전히 중요하게 기능한다.

단편영화의 위기? 축제의 위기

단편영화를 축제 현상과 연결 짓는 것은 우리 시대의 영화 실천 가운데 가장 중요한 한 가지 속성에 대해 질문하는 것이다. 영화산업과 문화, 미학적 지형 안에서 영화제라는 현상이 매우 복잡한 의미 맥락을 가지게 되었기 때문이다. 디지털 영화 환경으로의 전환은 이 과정에서 결정적인 역할을 하게 된다. 한국의 단편영화제들은 그동안 상업적 영역 바깥에 있는 창작자들을 위해 크고 작은 역할을 했는데, 영화학교와 소규모 배급사, 아트하우스 극장, 공공기관 등과 협력하여 단편영화의 수요와 의제에 적합한 공간을 마련한 것이 그 역할이었다.

각 영화제들마다의 특장도 뚜렷이 관찰된다. 장르영화를 중심으로 프로그래밍되는 미쟝센 단편영화제는 20년간 한국 영화계에 잠재적 감독 풀을 발굴, 시험하는 무대를 제공하였다. 아시아나국제단편영화제는 국제적인 단편영화의 새로운 경향들을 탐색하면서 이를 로컬 시네마의 특성과 견주어가며 표준적인 모델을 구현하고자 한 영화제였다. 올해 38회 행사를 치른 부산국제단편영화제는 방대한 양의 라인업과 기획의 다양성을 시험하면서 이 분야의 대표 축제로 자리잡았다. 특기할만한 것은 20년이 넘게 안정적으로 지속하면서 영향력을 확대해왔던 '미쟝센'과 '아시아나'의 부침이 단편영화제의 내용과 형식이 중대한 변곡점에 도달했다는 신호를 보내고 있다는 점이다. 문화, 산업, 미학의 관점으로 규정되는 단편영화의 시효가 다한 것이라는 진단에 나는 동의하지 않고, 각 영화제의 내부 사정은 특수하므로 퇴조의 내막에 대해 파헤치는 것 또한 능력 밖의 일이다. 축제 현상의 관점에서 오랫동안 지속되어 온 단편영화제의 운영 시스템, 큐레이션 전략이 더 이상 작동할 수 없는 상황에 이르게 된 것이 아닌가 하는 심증이 있다. 청년유니온의 문제 제기로 쟁점화되었던 영화제 스태프들의 부당 처우 문제나 미쟝센 단편영화제와 단편영화를 배급하는 배급사가 작품 상영에 관한 권리행사를 쟁점으로 빚었던 지난해의 갈등은 현상적 결과에 지나지 않는다. 영화제에는 수급이나 상영, 초청, 운영을 규정한 축제 정책이 있는데 한국의 대다수 영화제들이 비슷한 정책적 기조하에서 운영된다. 통상 일 년을 주기로 준비하여 짧은 기간에 모든 역량을 쏟아부어야 하는 영화제의 순환-재생산 구조, 이에 맞춰진 예산과 인력 운용 방식은 지속성과 체계를 담보하기에 불안정한 문제를 안고 있는데, 대다수 영화제들이 그동안 정책의 우선순위를 규모의 성장과 영향력 확산에 두었기 때문에 발생한 문제라고 생각한다. 위의 현상적 결과들은 구성원들의 희생으로 명맥을 이어왔거나 종종 영화산업의 논리 바깥의 치외법권 지대에 있었던 관례들이 불거진 것으로 볼 수 있다. 그러나 이와 같은 사건들이 축제 현상의 위기를 본질적으로 증언해주지는 않는다.

그렇다면 단편영화제의 기능을 다시 질문할 시점에 이르렀는가? 그렇다. 두말할 나위 없이 영화제의 가장 중요한 기능은 관객들이 평소에 접하기 힘든 작품을 볼 수 있는 기회를 제공하는 것이다. 축제는 체험을 위한 공간이며 예술 작품을 향수하는 경로와 내용, 형식이 축제 체험의 본질을 구성한다. 그러나 외연의 확대, 비즈니스의 우월적 지위는 영화제를 통해 전시(상영)되는 영화들을 제대로 즐길 수 있는 기회를 제한하는 현상을 낳았다. 어떤 영화제도 시장에서의 이윤을 추구하려는 목적으로 존재하지 않는다. 그들은 새로운 영화에서 감지할 수 있는 일반적인 경향이나 창조적 영감 또는 공유된 감성을 추구한다. 따라서 단편영화를 탐구의 대상으로 한 단편영화제는 전시 행위와 큐레이션 기획에 있어 형식적 차별성을 요구한다. 한국의 단편영화제들이 봉착한 위기가 이 난제를 풀지 못한 결과가 아닌지 성찰해봐야 한다. 장편영화보다 상대적으로 자유도가 큰 단편영화는 새로운 것에 대한 갈망과 욕구를 자극한다. 단편영화는 다양한 경로를 통해 제작되며, 자원이나 재정 측면에서 가볍고, 제작 자금의 회수에 대한 부담이 없다. 예술적인 자유와 창작열은 자본과 시스템의 제약에 굴하지 않고 실험적인 접근 방식을 촉진하기도 한다. 대중들의 호감을 사기 위해 창작자의 영감을 희생하거나 수익을 창출해야 하는 강박을 떨친 단편영화는 더 용감할 수 있으며 필요하다면 시스템과 대결할 수도 있다.

한국에서 단편영화제의 초기 목표는 이처럼 새로운 영화, 잠재력 있는 신진 작가를 발견하는 소명에 집중하는 경향으로 모아졌다. 이들이 바탕으로 삼고 있는 것은 이윤 추구를 목적으로 하는 영화 시장과는 무관하게 돌아가는 아카데미, 창작자 집단, 개인들의 독립적이고 실험적인 작업이다. 그러나 단편영화제를 통해 발굴된 감독들이 영화계의 동량棟樑으로 성장하고 미래의 감독군이 단편영화제를 유망한 데뷔 무대로 인식할수록 단편영화를 둘러싼 담론은 축소, 지체되어 왔다. 여기에는 환경적인 요인이 있다. 지난 10년간 한국 영화계에서 독립, 대안영화의 영향력이 축소되었고 상업영화계의 창의성 지표 역시 바닥을 쳤다. 존재의 기반이라는 차원에서 단편영화는 가장 용감하고 창의적인 독립영화의 한 지류支流이다. 그런 의미에서 단편영화는 마이너리티 중에서도 마이너리티이며, 모험과 혁신의 최전선을 달리는 급진적인 형식으로 취급되어야 한다. 단편영화제는 이러한 대상의 지위를 반영한다. 그러나 애석하게도 단편영화제를 통한 인재의 발굴, 특정한 취향으로 조율된 협소한 상상력, 단편영화와 장편영화의 단계적인 순환 사슬은 예술적 자유와 영화제의 확장 잠재력을 약화하는 흐름으로 전개되었다.

축제 모델의 재설정

단편영화의 부흥을 촉진, 지원해 온 단편영화제의 기획과 운영, 큐레이션 정책은 중대한 변곡점에 있다. 영화제 기획의 출발이자 전부는 축제의 아이덴티티이다. 영화제 현상을 지탱해 온 극장을 중심으로 한 전시 행위의 위축과 어지럽게 교차하는 이해관계에 흔들리지 않기 위해, 대중과 애호가들의 분화된 취향을 수용하기 위해, 단편영화제의 정체성은 재정립되어야 한다. 제한된 자금과 지원 감소를 감내하면서 왜곡된 시스템을 교정해야 하는 과제가 동시다발적으로 제기되는 시점에서 과거의 축제 모델에 대한 반성적 이해가 선결되어야 한다.

단편영화제를 포함한 한국의 영화제 모델은 20세기에 만들어진 것이다. 디지털 시네마가 일반화되기 전이고, 영화문화의 다양성에 대한 요구가 폭발하던 시기였으며, 영화제의 기능이 전시와 관람, 산업적인 영향력에 맞춰졌던 시대의 패러다임이다. 시간이 흐르면서 손질이 가해지기도 했지만 그틀은 유지되어 왔다. '새로운 영화, 좋은 영화를 발굴하고, 창작자들에게 기회를, 관객들에게는 다양한 취향을 즐길 이벤트를 제공한다.' 위의 주문은 여전히 단편영화의 주된 목표 중 하나일 것이다. 그러나 단편영화제를 포함한 영화제 거버넌스에 대한 기대와 우려는 기왕의 터전을 불태우고 재건할 것을 주문하고 있다. 의제의 설정은 이미 늦은 감이 있다. 영화산업의 가치 사슬에 포함될 가능성이 희박했던 다큐멘터리, 실험영화, 단편영화 등의 비주류 영화는 영화제가 존립해야 하는 명분과 근거를 제공한다. 제도로서의 영화제는 상업적인 시스템에서 배제된 비주류 영화들이 잠재적으로 새로운 관객에게 다가갈 수 있는 창구로서 기능했다. 영화산업 전문가와 협력한 단편영화제들은 단편영화 창작자들이 개별적이고 분산적인 노력으로는 불가능한 방식으로 영화산업에 통합될 수 있도록 가이드하기 위해 표준적인 프로세스를 채택했다.

'미장센'의 창립 취지와 정책, 큐레이션은 이런 경향을 대표한다. 장르 특성화 전략에 기댄 '미장센'은 단편영화를 통해 축적한 기능과 평판을 바탕으로 한 장편영화로의 이행, 상업영화계의 명망가로 진화한 감독들이 기획과 큐레이션, 평가에 참여하는 방식으로 영화계 안팎에서 신망과 권위를 획득하였다. '장르의 상상력'이라는 부제를 달고 신뢰할 수 있는 감독들이 장르별 심사와 집행위원 역할을 하도록 한 영화제의 정책과 형식은 '미장센'의 지향점을 대변해준다. 한국 영화산업의 주축이 될 감독들의 잠재력에 주목하고 그들의 재능을 단계적으로 고양하여 영화산업의 동력으로 추인하겠다는 것. 장르를 매개로 한 산업화 전략이라는 '미장센'의 정체성은 명확하고, 그로 인해 기여한 바가 적지 않다. 많은 감독들이 이 영화제를 통해 역량을 입증한 뒤 높은 단계로 진화하게 된다. 그렇다면 '미장센'의 불투명한 미래는 그러한 동력이 약화되었거나 실효성이 다했다는 신호로 봐야 할 것인가? 그렇게 생각하지 않는다. '미장센'의 존속 여부와는 무관하게 영화 제작자들은 미래의 감독이 될 만한 재목을 찾기 위해 단편영화를 상영하는 영화제를 탐문할 것이고, 감독들 역시 그들에게 찾아올 수 있는 기회의 장으로 단편영화제를 활용할 것이다.

단편영화제의 위기가 곧 단편영화의 이상 신호를 의미하

지 않는다는 것이다. 차라리 그것은 '단편영화 또는 단편이라는 형식을 어떻게 인식할 것인가'라는 의제를 던진다. 이를테면 영화 제작방식의 디지털화는 단편영화 제작을 장편영화로 이행하는 과도기적 습작으로 인식하는 공식의 종말을 의미하였다. 디지털 기기의 접근성과 경제성이 장편영화 제작의 진입장벽을 허물었기 때문이다. 이는 전 세계적인 현상으로, 또 다른 관점에서 디지털화는 단편영화의 존재론적 해방을 이루었다고 말할 수 있다. 단편의 형식과 언어의 확장은 단편영화를 (장편에 비해) '짧은 영화'로 규정하였던 낡은 관념과의 작별을 웅변하였다. 주류 영화의 언어관습을 도발하는 혁신과 실험, 시네마의 외연을 넓히는 크로스오버, 극장이라는 전통적 연행 공간을 벗어난 전시 행위의 확장까지, 단편영화를 둘러싼 국제적인 이슈들은 활발하게 논의되고 있다. 국내에서 개최되는 단편영화제들이 이런 이슈에 민감하게 반응하면서 다각적인 수용의 프로그램을 개발했는가에 대해서는 회의적이다. 그런 와중에 단편영화는 공적, 사적 관심사로부터 멀어져 갔다. 다시 정체성 문제로 돌아가 보자. 전시 행위를 중심으로 영화제가 창작자와 관객에게 기회를 제공하는 기능은 점점 더 제한적이 될 것이다.

단편영화제는 단편영화를 테마로 하는데 축제 기획자들이 '단편'이라는 형식에 대해 깊은 고민을 하는 것 같지는 않다. 상영시간이 짧은 영화라는 물리적 기준 외에 단편이라는 형식으로 포괄할 수 있는 범위, 매체의 확장 경향 아래에서 형식적 범주의 설정, 불비한 산업적 상황에서 단편영화의 유통과 배급 등은 축제의 중심 어젠다로 설정되지 못했다. 돌이켜보면 영화제에서의 상영을 발판으로 삼아 극장 개봉을 한 영화보다 개봉을 예정한 영화가 개봉 전 마케팅 전략의 일환으로 영화제를 통해 상영되는 사례들이 압도적으로 많았다는 것을 알 수 있다. 이는 무엇을 의미하는가? 인정하고 싶지 않지만, 영화산업의 이해관계 안에서 영화제가 매력을 잃어가고 있다는 것을 의미한다. 그렇다면 영화제는 무언가 더 높은 곳을 향하는 발판이 되는 창구의 기능을 멈춰야 한다. 영화제를 통해 무엇을 이루겠다는 목표 의식은 점차 낡은 관념이 되어 간다. 따라서 영화제는 다른 방향으로 열린 플랫폼이어야 하고, 그 기능을 다하기 위해 기존의 정책과 시스템을 어떻게 손질해야 하는가를 질문하는 쪽으로 선회해야 한다.

'단편'이라는 형식으로의 전환

1954년에 창설된 오버하우젠국제단편영화제(이하 '오버하우젠')는 단편영화 이슈를 매개로 하는 선구적인 영화제 중 하나이다. '오버하우젠'의 기획과 큐레이션은 단편영화제의 변경된 의제 설정과 관련하여 깊은 영감을 준다. 주지하다시피 '오버하우젠'은 단편영화를 테마로 한 가장 오래된 축제이며, 세계영화사에서 중요한 전환점이 되었던 장소였다. 1962년 제8회 오버하우젠국제단편영화제에서 알렉산더 클루게, 에드가 라이츠, 피터 샤모니 등 스물여섯 명의 젊은 독일 영화 감독들은 '오버하우젠 선언문'을 발표하였다. 낡은 영화의 죽음을 선고하며 영화학교 시스템, 새로운 영화 자금 지원 모델을 주창한 청년 작가들의 마니페스토는 뉴웨이브의 도화선이 되었다. '오버하우젠'은 1980년대 영화 제도의 모든 권위가 '필름'에 쏠려 있을 때 최초로 비디오 영화를 경쟁 부문에 포함하여 동등한 지위를 부여했고, 1990년대 후반 뮤직비디오를 대상으로 한 상영, 전시, 시상을 도입하는 등 단편영화를 둘러싼 혁신적인 트렌드를 주도하였다. 2012년 50주년을 맞이한 오버하우젠 선언의 정신은 이 영화제의 새로운 이정표로 설정되었다. 최근까지 '오버하우젠'은 실험, 다큐멘터리, 아티스트 영화 및 비디오를 위한 활력적인 영화 담론의 무대를 제공하고 있다. '낡은 가치를 일소한 혁신과 실험'을 고수한 '오버하우젠'은 단편영화제들 가운데 가장 급진적이고 대안적인 프로그래밍, 기획으로 단편영화를 둘러싼 담론 생산의 중심에 있다.

클레르몽페랑국제단편영화제(이하 '클레르몽')는 오버하우젠의 지향점과 대척점에 있다. 단편영화를 대상으로 한 큰 견본시가 열리고, 전통적인 서사, 형식에 호의적인 큐레이션, 영화제 정책을 고수하는 이 영화제는 여전히 명성이 높지만 미래 지향적인 의제의 발굴과 선도성은 떨어진다. 국제, 로컬 경쟁 프로그램과 연성화된 실험 섹션, 아카데미, 국가 특별전 등으로 구성된 프로그램 편제는 십 년 이상 유지되고 있다. 영화제에는 다양한 레이어가 존재하므로 '오버하우젠'과 '클레르몽'은 모두 존재의 의의가 있으며 저마다 중요한 기능을 한다. 그러나 단편영화의 다양한 스펙트럼과 매체 환경의 변화를 축제의 정책과 연결하면서 정체성을 어필하는 역동적인 정책을 펼쳐가고 있는 건 '오버하우젠'이다. 단편영화가 그 자체로 탐구의 대상이 되면서 확장성을 가질 수 있을 것인지를 모색하는 것은 단편영화제의 핵심적인 기능이 되어가고 있다. '오버하우젠'의 큐레이션은 이런 기능의 전범을 제시한다. '오버하우젠'의 프로그램은 전통적인 단편영화, 주제별 및 싱글 아티스트 프로그램, 필름 아카이브와 협력한 기획 프로그램, 비주얼 뮤직, 비디오 아카이브 상영, 영상 설치 작품 등으로 구성된다. 많은 이벤트와 상영이 동시에 진행되면서 다각화된 방식으로 영화와 무빙이미지, 비디오 이벤트를 통한 단편영화 담론의 생산에 매진하고 있다.

'오버하우젠' 같은 선도적인 큐레이션은 한국의 영화제 문화 안에서 이질적으로 보일 수 있지만 영화를 포함한 예술 실천의 세계 안에서 매우 중요하다. 단편영화제라는 획일적인 명칭에도 불구하고 관객들은 좀 더 구체적인 무언가를 찾기 위해 그곳을 방문하기 때문이다. 셀 수 없이 많은 아트하우스 영화들을 대상으로 한 제도화된 영화제들과 구분되는 정책과 기획, 큐레이션, 이벤트를 발견하는 것은 단편영화제가 제공할 수 있는 최상급의 자극이 된다. 많은 사람들이 단편영화제에 모인 감독들이 장편영화 연출을 위한 예비단계로 단편영화를 인식하는 것에 대해 문제를 제기한다. 이런 문제 제기는 30년 전부터 독립영화계에서 지속적으로 있어

왔는데 상황은 크게 나아지지 않았다. 영화의 구성 성분이 경계를 잃고 변화하는 현상 속에서 적절하게 대응하지 못해 왔기 때문이라고 생각한다. 단편영화제는 '단편의 형식을 초점으로 한 다양한 실천'을 다루는 축제이다. '단편영화는 장편영화를 위한 실험이 아니'라는 지당한 명제를 탈피하여 새로운 모토가 필요하다.

디지털 영상문화가 매체의 성격을 전환하고 경계를 허물며 편집자 정신이 중요해진 시대에 한국의 단편영화제들은 과거의 패러다임에 갇혀 있다는 인상을 준다. 단편영화제는 '영화'가 아니라 '단편'이라는 형식을 탐구하는 자리가 되어야 한다. 단편은 변화된 예술 범주를 수용하여 영화의 확장된 개념을 제안하는 데 있어 최적화된 형식이다. 그것은 창조와 개발의 촉매제이자 쇼케이스이며, 종종 논란이 될 수도 있는 새로운 트렌드와 재능의 발견 영역이다. 디지털 미디어로의 전환에 따라 단편영화의 형식, 의제 및 접근의 다양성은 어느 때보다 확산하고 있다. 장편영화, 에세이, 설치, 아티스트 필름, 뮤직비디오, 애니메이션, 다큐멘터리 등 우리가 상상할 수 있는 모든 혼종적인 형식이 전 세계적으로 등장하고 있으며 점점 더 다양한 경로를 통해 보급되고 있다.

다양한 매체의 수용을 장려하기 위한 의제와 담론은 커져가는데 축제 정책은 이를 반영하지 못한다. 예술과 제도, 문화, 정치, 미디어, 예술가의 복잡한 협상을 수용하기 위해 단편영화제는 훨씬 더 개방적이 되어야 한다.

관객의 발굴에서 단편의 발굴로

저마다의 특이성과 목표, 정책의 차이를 가진 다채로운 영화제들이 있다손 치더라도, 영화제의 존재 이유 중 하나는 상업적 논리와 시스템에 의해 실현되기 어려운 콘텐츠들의 대안적인 유통, 보급 창구 역할을 하는 것이다. 이와 관련하여 흔히 하는 오해 중 하나를 지적하고 싶다. 영화제는 비주류 영화가 상업적인 유통망을 통해 배급될 수 있는 가능성을 열어주는 창구로서의 플랫폼이 아니라, 그 자체로 비주류 영화의 보급을 위한 플랫폼이다. 상당한 수의 페스티벌 필름들은 영화제가 아니고서는 상영의 기회 자체가 봉쇄된 영화들이기 때문이다. 단편영화는 영화제를 통한 보급의 대상이다. 우리의 영화문화 안에서 단편영화는 공개적인 현상이 아니다. 단편영화가 상업적인 배급망을 타고 극장에서 개봉하는 일은 희귀하고, 앞으로도 그런 일은 일어나지 않을 것이다. 따라서 단편영화를 보급하는 플랫폼으로서 단편영화제의 기능은 필수불가결하다.

최근 점점 더 많은 영화제가 제작 및 배급의 영역과 밀접하게 관련을 맺어가고 있다. 이는 새로운 영화의 생산과 보급의 순환 주기를 만들어야 하는 영화제의 이해와도 조응한다. 일부 영화제는 온라인을 활용한 자체 유통 라벨을 만들었으며, 또 다른 영화제는 TV 채널 또는 스트리밍 플랫폼과 협력팀을 구성하기도 했다. 영화제는 완성된 영화의 전시장에 머물지 않고, 개발과 지원, 자금 조달, 생산, 유통의 창구로 역할을 확장하고 있다. 다양한 방식으로 구성되는 영화제들이 영화와 영화 사이의 권력을 구성하는 풍경을 연출하는 것이다. 축제 트렌드의 변화 안에서 단편영화의 배급을 고민하는 것은 그 자체로 대안의 가치를 주장하는 일이다. 단편영화제를 단편영화의 배급을 위한 회로로 인식하고 더 넓은 영화 생태계에 포지셔닝하여 관객에게 전달하는 역할에 주목해야 한다. 그렇더라도 영화제에서 단편영화의 인기와 시장에서의 저조한 성과 사이의 격차를 어떻게 설명할 수 있는가? 이를 근거로 단편영화처럼 누구도 돌보지 않는 비주류 영화들을 위한 고도로 전문화된 유통 플랫폼, 또는 물질적, 경제적 동인이 문화적 동인만큼이나 중요한 영화계에서 영화제가 제조한 유통의 회로가 단편영화의 유통, 배급 문제를 해결할 수 없다고 주장할 수 있다. 그러나 더 넓은 영화 생태계 내에서 점점 더 분리되고 독립적인 유통망을 형성해가는 디지털 시대의 영화제는 이를 지역화하고 세계화해야 한다는 웅대한 목표를 제시해야 한다.

제도화된 축제의 순환 회로는 영화광들에게 영화를 상영하는 대안적인 배급, 전시 네트워크가 되어가고 있다. 상업 배급망에 대응하는 기능으로서 영화제는 아트하우스 영화가 쇠퇴하고 극장 개봉이 불가능한 경우와 함께 작동하는 네트워크이다. 단편영화제는 다양한 국내외 영화제들과의 협력을 바탕으로 대안적인 문화 소비의 장이 되어야 한다. 핵심은 오프라인 네트워크만 가지고 충분치 않다는 점이다. OTT의 확산하는 영향력에 대한 전망은 코로나 팬데믹 이후 영화산업 지형에 대한 핫 이슈 중 하나이다. 영화산업 관계자들은 OTT 플랫폼을 중심으로 한 디지털 영화 배급이 다른 모든 형태의 플랫폼을 잠식하여 무한한 타이틀을 라운지 룸으로 스트리밍하게 되는 날을 예상한다. 그들의 미래 예측 서사에 따르면 극장은 결국 시들 것이고, 스마트폰, 컴퓨터, TV는 모든 엔터테인먼트 요구를 충족하는 단일 장치로 수렴될 것이다. 초점은 OTT 산업 내의 권력관계와 관객들의 접근 및 형평성에 있다. 관객에게 도달할 수 있는 영화의 범위와 접근 가능한 조건을 결정할 수 있는 배급사의 힘을 고려할 때 온라인 배급의 민주적인 잠재력이 매력적일 수 있지만, 디지털 전송 인프라가 영화문화의 실질적인 다변화를 초래하지 않을 수 있으며, 관객 대부분이 그들의 도달 범위에서 배제될 수 있다는 점도 고려해야 한다. OTT 시대의 옹호자들에 따르면 그것은 중개자를 잘라내고 관객과 직접 거래할 수 있는 독립영화, 단편영화 제작자들에게도 혜택을 제공할 것이다. 예전에는 문지기가 모든 것을 통제했지만 신기술로 문지기의 권력은 약화되었고 누구나 영화를 꺼낼 수 있는 민주적인 시대가 되었다는 것이다.

그러나 한국에서 단편영화는 공공 정책의 관리 대상이 아니다. 상업적인 이해관계를 충족해야 하는 시장의 논리 주변에서 디지털화와 미디어 플랫폼의 대전환에 편승하지 못하고 있다. 이러저러한 경로를 통해 단편영화의 디지털 배급과 상영이 이루어지고 있으나 안정적인 구조라고 볼 수 없다. 독립영화, 다양성 영화를 취급하는 일부 배급사들, 디지털 배급을 통해 단편영화를 유통하는 배급사들이 있지만 전문적이라고 보기 어렵다. VOD 형식으로 단편영화를 서비스하는 웹 사이트나 왓챠, 웨이브 등 국내 OTT 플랫폼, 심지어 넷플릭스조차도 단편이라는 형식의 분화와 정제된 큐레이션을 유저들의 이용 맥락과 연계하지 못한다. 그저 구색을 위해 한 자리를 차지하고 있거나 플랫폼 연계사업의 부산물 정도로 취급되는 상황에서는 이용자 간의 자유로운 상호 교류를 통한 성과를 기대하기는 어렵다. 여기에도 그럴만한 이유는 있다. 이해당사자들의 시각이 복잡하게 충돌하는 판권 확보, 관리의 문제, 방대한 작품의 선별과 아카이빙을 위한 전문인력 수급, 창의적인 큐레이션, 정보와 견해를 조화시킨 담론적 기능 등 상당한 수고와 노력, 비용이 요구되는 과업이기 때문이다. 그러나 영화제 현상은 축제를 일회성 이벤트가 아닌 다양한 창구효과와 연결하는 활동을 포괄하기 때문에 단편영화제와 공공기관의 협력을 통해 한국의 단편영화를 통합적으로 관리, 서비스하는 플랫폼을 고려해볼 필요가 있다.

이와 관련하여 영감을 주는 사례들이 있다. '크리에이티브 유럽 미디어Creative Europe Media'의 재정 지원을 받아 운영되는 '페스티벌 스코프festivalscope.com'는 영화제와 산업 종사자들을 위한 B2B 플랫폼이다. 다양한 영화제를 통해 공개되는 작품들의 확산과 보급을 목적으로 운영되는 이 플랫폼은 페스티벌 필름의 스트리밍 상영뿐 아니라 작품에 대한 정보, 판권 보유자와 유저들을 연결하는 네트워킹 기능을 원스톱으로 제공한다. 무엇보다 가장 빠르게 영화제를 통해 프리미어 공개된 작품에 배타적으로 접근할 수 있다는 장점이 있다. 코로나가 창궐한 이후에는 온라인 축제로 전환한 전 세계 영화제들의 온라인 상영관 역할을 수행하면서 존재감을 높였다. 새로운 영화에 대한 정보에 해박한 시네필들이 애용하는 플랫폼 'MUBI'도 주목할 만하다. MUBI는 아트하우스 영화와 작가영화, 시네마테크의 영화사 기획, 영화제 타이틀 등 고전적 시네필리아를 온라인 비즈니스 모델과 결합한 디지털 시네마테크이다. 이들의 활동은 온라인 상영관의 이용 맥락에 관한 유용한 모델을 제공한다. 온라인을 통한 아트하우스 영화의 관람과 이용자들 사이의 담론 유통이라는 양분화된 방향성이 이상적으로 결합된다. 유료 사이트이기 때문에 영리 추구를 목적으로 하지만 희소한 취향의 소비자들을 대상으로 한다. MUBI와 같은 플랫폼에 주목하는 이유는 특정한 취향과 형식, 장르를 매개로 한 플랫폼으로 취향의 차별화를 이루고 체계적인 수급과 유통의 온라인 플랫폼을 통한 제도와 정책, 비즈니스의 합일을 보여주기 때문이다. MUBI는 다층적으로 설계된 가격 정책, 애호가 취향을 고려한 질 높은 큐레이션, 정보와 비평 담론을 결합한 매거진 기능, 유저들 간의 활발한 의견교환과 논쟁, 소통으로 견고히 자리 잡았다.

단편영화제에서 영화의 발굴이 그렇게 중대한 문제인가? 유튜브만 뒤져도 환상적인 영화들이 쏟아지는 시대가 아닌가? 희귀한 영화 취향을 가진 수천, 수만의 관객들은 서로 다른 시간, 공간에 유리되어 있기 때문에 저들의 취향을 무시해서는 안 된다. 누군가 창조적이고 혁신적인 영화를 만든다면, 누군가는 그 영화를 봐야 한다. 영화의 출처보다 새로운 관점으로 그들을 모으고 확산하는 활동이 영화제의 역할이다. 영화제 조직의 관점에서 단편영화제는 큐레이션의 확장과 창의성을 위해 재편되어야 하고 단편영화의 확장성을 위해 플랫폼의 성격을 강화해야 한다. 이는 '관객의 발굴'에서 '(단편)형식의 발굴'로 중심을 이동하는 문제와 맞물린다. 지난 10여 년간 단편영화제의 인기는 광범위한 관객들에게 호소하기 위한 다각적인 노력의 결과였지만 이제 발굴의 초점은 단편이라는 형식에 맞춰져야 한다. 새롭고 더 넓은 개념의 단편 형식을 찾는 것은 21세기 시네마의 확장 경향을 반영하는 것이기도 하다.

영화제는 일거에 많은 사람들이 한 장소에 모이는 이벤트이기 때문에 강력한 사회적, 예술적 에너지를 생산하는 활동이다. 우리는 단순히 그것들을 다른 의미로, 더 압축된 방식으로 모으려고 노력해왔다. 오늘날 그러한 프로젝트의 자금 조달과 조직 운영은 점점 어려워지고 있다. 그러나 단편영화제의 탐구 대상이 꼭 짧은 영화일 필요는 없다. 단편영화제는 극영화, 다큐멘터리, 애니메이션 등과 같은 단일 장르나 제작 유형에 전념하지 않는 것이 좋다. '단편'이라는 형식이 실험과 탐구의 대상이 될 수 있도록 전통적인 영화규범, 단일 장르와 범주에 몰두하지 않는 형식의 확장을 장려하고 탐구할 필요가 있다. 단편이라는 형식은 예술의 혁신, 미래의 영화언어가 개발되는 실험실이다. 미래의 단편영화제가 다루어야 할 것은 이 다채로운 실험의 스펙트럼이다. 대상의 확장, 전환은 만만한 일이 아니며 따라서 실패할 가능성도 크다. 그러나 더 넓은 예술 개념과 제도, 창작자, 산업 종사자, 기관들과 협력하여 조직과 정체성을 혁신하기로 결단한 영화제만이 이 난제를 풀어낼 것이다.

오늘날, 단편영화는 어떤 의미가 있는가

———

오진우

오진우 영화평론가

고려대학교 미디어학부를 졸업했고 한국예술종합학교 영상원 영상이론과 전문사과정을
수료했다. 2020년 제25회 《씨네21》 영화평론상을 수상한 뒤 영화평론가로 활동 중이다.

최근에 본 풍경

대한민국에서 단편영화는 언제부터였는지 모르겠지만 여러 편이 묶여 상영되어왔다. 그렇게 해서 늘어난 러닝타임과 책정된 픗값. 그 모습은 마치 장편영화와 같았다. 하나로 묶기 위해선 주제, 장르 등 다양한 포장지가 필요했다. 하지만 겉모습과 달리 포장지를 뚫고 나오는 송곳 같은 작품들이 존재해왔다. 수많은 영화제에 출품되는 수많은 작품 가운데 이러한 작품을 만나는 것은 행운이자 기적이다. 다시 말해, 흔치 않은 일, 점차 보기 어려운 일이 되고 있다.

여전히 섹션별로 묶인 단편영화는 코로나19로 인해 새로운 상황을 맞이한다. 그것은 단편영화의 홀로서기. 영화제는 적어진 객석 수를 보완하고자 OTT 플랫폼과 손잡고 온라인 상영을 시작한다. 드디어 단편영화는 묶음 상품에서 벗어나 개별 상품으로 관객의 결제를 기다리는 상황에 놓인다. 이것이 호재였을지는 미지수다. 단편영화가 묶여 있을 때 하나의 가능성이 존재했다. 그것은 특정한 작품만을 보기 위해 기다리는 관객에게 다른 작품들이 스크린에서 자신의 매력을 발산할 수 있는 기회다. 이젠 전보다 더 관객의 냉정한 선택을 기다려야 하는지 모른다. 이것이 2021년 5월 초 전주국제영화제에서 바라본 풍경이다.

단편영화는 영화제 없이 홀로 설 수 없을까? 단편영화가 극장 개봉하는 것을 본 적이 있는가? 아예 없던 일은 아니었다. 국내에서 처음으로 단편영화를 극장 개봉한 사례는 연상호 감독의 〈창〉이다. 이는 독립영화관 인디스페이스의 '독립영화 단편 개봉 프로젝트'의 일환으로 시작된 것으로 이후 몇 편을 더 극장 개봉했었다. 극장 개봉과 더불어 인디플러그 사이트를 통해 온라인 상영도 동시에 진행했었다. 하지만 이마저도 2014년 강제규 감독의 〈민우씨 오는 날〉을 끝으로 프로젝트는 더 이상 전개되지 않았다. 이를 온라인 배급했던 한국 최초의 독립영화 전문 다운로드 사이트 인디플러그는 2020년 12월부로 서비스 운영을 종료했다. 이후에 단편영화의 개봉은 찾아볼 수 없게 됐다. 단편영화는 눈에 쉽게 걸리지 않는다. 그럼에도 한 달에 한 번꼴로 독립영화관에서 기획 상영전으로, 인터넷으론 네이버 인디극장, 인디그라운드와 그 이외에도 몇몇 사이트에서 단편영화를 만나볼 수 있다.

개봉은 아니더라도 극장에서 한 편의 단편영화만 볼 수는 없는 걸까? 최근에 단편영화 한 편을 상영하는 곳이 생겨 찾아가 보았다. 그곳은 연희동에 위치한 라이카 시네마LAIKA CINEMA다. 라이카 시네마는 단편영화 기획 및 상영을 진행하는 오렌지 필름과 손잡고 '오, 쇼츠!O, Shorts!'라는 단편영화 기획전을 선보이고 있다. 다섯 편의 단편영화 중 각종 커뮤니티에 입소문이 자자했던 단편영화를 관람하였다. 그것은 이충현 감독의 〈몸 값〉이다. 2015년 제20회 부산국제영화제서 처음으로 공개된 이 작품은 이후 수많은 영화제서 상을 휩쓸고 2019년 제18회 미쟝센 단편영화제에 초청된다. 〈몸 값〉의 푯값은 3,000원이었다. 하지만 이 영화의 진짜 몸값은 얼마일까? 그 값은 숫자로 매길 수 없다. 이 영화의 가치는 시간을 뚫고 현재 스크린 앞에 도착했다는 데에 있다. 단편영화의 문제는 시간을 뚫고 살아남는 것. 이는 앞에 수많은 형용사가 붙은 '영화'가 개척해야 할 운명이기도 하다.

숏폼은 단편영화의 구원이 될 수 있을까?

단편영화는 영화제서 공개된 이후 구전이 된다. 영화가 입소문을 타면 단편영화 제작진은 선배 감독이나 제작사의 눈에 띄어 새로운 기회를 맞이하기도 한다. 이것이 현실 세계에서 벌어지는 일이라면, 인터넷에서는 구할 수도 없는 영화 캡처 이미지와 이를 설명하는 텍스트가 결합한 일명 '짤'로 단편영화는 각종 커뮤니티 게시판에서 회자된다. 이러한 대중의 요구는 역으로 현실에 압박을 주며 그 기운을 빨리 감지한 영리한 기획자들은 회자되는 단편영화를 수급하여 다시 스크린으로 복귀시킨다.

단편영화는 영화로 출발하여 구전, 텍스트, 이미지 그리고 다시 영화로 복귀하는 생애주기를 거친다. 짧게 보여주고 긴 잠복기를 거치는 단편영화는 태생적으로 짧은 러닝타임 때문에 이러한 운명에 처한 것일까? 그럼 이 러닝타임은 누가 정하는가? 다름 아닌 영화제다. 출품 규정을 살펴보면 미쟝센 단편영화제는 엔딩크레딧 포함 40분 이하로, 전주국제영화제는 40분 미만으로, 부산국제영화제는 와이드 앵글 단편경쟁 부문에 30분 미만으로 단편영화의 러닝타임을 규정한다. 부산국제영화제는 와이드 앵글을 제외한 나머지 부문에서 장·단편의 구분 선을 60분으로 잡는다. 그 경계선에 현재 위치한 감독으로 홍상수가 있다. 그의 영화는 갈수록 짧아진다. 그의 신작 〈인트로덕션〉에서도 60분대의 러닝타임을 선보였다. 그의 영화가 장편영화로 머무는 데에는 수많은 이해관계가 얽혀있어 보인다. 만약 시간의 구분선이 존재하지 않는다고 상상해보자. 홍상수의 영화는 점차 짧아져 30분짜리 영화로 극장 개봉할 수도 있다. 그러한 영화가 몇 편 쌓이면 관객은 이를 조합하여 새로운 영화와 이야기를 만들 수도 있을 것이다. 이러한 상상이 홍상수의 영화에선 왠지 일어날 것만 같다. 그렇게 된다면 그의 영화 앞에 '단편'을 붙일까?

단편은 영화 뒤를 따라다니는 꼬리표가 아니다. 단편은 영화를 수식하는 형용사로 한자로 짧을 단短을 쓴다. 하지만 어느 순간부터 단편영화는 되레 길어지고 있다. 이는 미쟝센 단편영화제 15주년 기념 인터뷰집, 『짧은 영화 긴 이야기』에서 심사를 봤던 감독들이 하나같이 하는 이야기다. 길어진다는 것보다 늘어진다는 표현이 더 적확하다. 속뜻은 긴장감 없이 정해진 러닝타임만 채우고 있다는 뜻일 것이다. 그럼에도 여전히 짧은 영화인 단편영화는 영화제에 가장 많이 출품되는 영화다. 하지만 대다수가 영화제서 상영되지 못하고 상영되더라도 영화제가 끝나면 긴 잠복기에 접어든다. 설령 영화제서 영광을 얻었다 해도 말이다. 하지만 빛을 볼 수 있는 기회가 찾아온 듯하다. 극장 스크린이 아닌 액정화면에서 말이다.

팬데믹 시대로 접어들면서 영화관 방문이 현저히 줄어들었다. 수많은 영화는 개봉을 미루거나 OTT 플랫폼을 통해 공개하는 방식을 택하며 살길을 모색하고 있다. 영화는 영화관을 떠나면서 새로운 경쟁자를 만나게 된다. 영화관 밖은 스마트폰을 중심으로 한 미디어 환경이며 그 안을 채우는 콘텐츠의 길이는 점차 짧아지고 있다. 이 콘텐츠를 '숏폼 콘텐츠Short-Form Contents'라 부른다. 숏폼 콘텐츠와 단편영화는 짧은 러닝타임이란 형식을 공유한다. 하지만 서로 다른 짧음을 지향한다. 숏폼 콘텐츠의 짧음은 긴 시간을 못 견디는 데서 기인한다. 시간의 압박. 시간은 현재의 미디어 환경에서 고통을 수반하는 요인이 됐다. 현재 10~20분대의 영상 콘텐츠가 계속해서 만들어지고 있다. 이것이 우리의 시지각을 재편하고 있다. 긴 영상을 못 견디는, 일종의 역치값이 현저히 낮아진 것이다. 이제는 더 짧아져 틱톡, 인스타그램의 릴스, 유튜브의 숏츠 등 숏폼 콘텐츠의 시간 단위는 초다. 1분도 안

되는 시간 안에서 재미와 반전까지 다 선보인다. 영상 초반에 관객을 사로잡을 만한 것이 등장해야만 한다. 마치 전주 대신 바로 후렴이 나오는 요즘 노래처럼 말이다.

숏폼 콘텐츠의 내용 역시 단편영화보다 상대적으로 가벼워질 수밖에 없다. 서로 다른 환경에서 자라났기 때문이다. 스마트폰을 중심으로 생산되는 숏폼 콘텐츠는 소비자의 외면에 익숙해져야 했다. 다시 말해 소비자에게 통제권이 있다는 뜻이다. 콘텐츠를 집중하여 볼 수 없는 산만한 미디어 환경이기 때문이다. 그렇기 때문에 숏폼 콘텐츠는 이목을 끌기 위해 호흡이 빠른 컷 편집 스타일을 선보인다. 그것이 콘텐츠의 전략이라면, 이를 담아내는 플랫폼은 자신의 공간에 오랜 시간 머무르게 만들어야 한다. 따라서 여러 애플리케이션으로 했던 일을 거대 플랫폼은 자신의 안으로 모두 끌어들이려 한다. 플랫폼은 멀티플렉스가 되고 있다. 긴 콘텐츠에 대한 아량이 점차 사라지고 그 자리에 자극만 남게 된다. 언제라도 손으로 밀어낼 수 있고 그곳에 다른 콘텐츠가 항시 대기 중이다. 이것이 MZ세대의 콘텐츠 소비 패턴이다. 이를 더 적극적으로 소비하는 것은 10대다. 코로나로 영화관이 차단된 상황에서 이러한 콘텐츠 소비를 통한 시지각의 재편은 명백히 현재의 영화에겐 위기다. MZ세대에게 플랫폼(OTT 플랫폼 포함)은 이제 영화관이다.

그렇다면 단편영화는 숏폼 콘텐츠가 될 수 있을까? 될 수 없다. 반대로 숏폼 콘텐츠는 짧은 순간이라도 시네마틱한 촬영과 편집이 들어가면 "영화 같네"라는 칭찬을 받기가 쉽다. 실제로 숏폼 콘텐츠로 출발하여 극장으로 진출한 사례가 있다. 그것은 〈가짜 사나이 2〉다. 하지만 극장에서 사람들은 '영화'를 보고 싶어 하지 웹드라마, 유튜브 콘텐츠, 뮤직비디오를 큰 스크린에서 보기를 원치 않는다. 분명히 영화만이 갖는 특징이 존재한다. 무엇이라 규정할 수 없지만, 그 속성도 계속 바뀌어 왔지만, 사람들은 직관적으로 그것을 다른 것과 구별한다. 숏폼 콘텐츠가 영화보다 수준이 낮다고 말하는 것이 아니다. 단편영화를 품기에 적합하지 않다는 것이다.

만약 단편영화를 세로로 세운다면 스마트폰이 품을 수 있을까? 우리의 일상은 영화를 보는 것보다 스마트폰을 보는 것으로 더 많이 채워진다. 세로 화면비는 너무나도 익숙해져 버렸다. 숏폼 콘텐츠 중 1분 미만의 초 단위의 콘텐츠에서 세로 화면이 주로 활용되고 있다. 배우 이시영은 틱톡에서 반전이 있는 콘텐츠로 인기몰이 중이며 현재 가장 잘나가는 틱

톡커로 활약 중이다. 하지만 1분이 넘어가는 콘텐츠는 왜 계속해서 생산되지 못할까? 시도는 있었다. 국내에선 힙합 그룹 에픽하이EPIK HIGH의 〈BORN HATER〉의 뮤직비디오가 그것이다. 2014년도 당시 신선한 반응을 일으킨 이 뮤직비디오는 가로 폭이 좁은 세트 촬영을 위주로 등장인물들이 다닥다닥 붙어있는 장면을 많이 활용했다. 최근에는 〈라라랜드〉의 데이미언 셔젤 감독이 '애플'의 프로모션으로 단편영화 〈The Stunt Double〉을 선보였다. 이 작품은 세로 시네마Vertical Cinema로 제작되었다. 감독은 상하의 수직성을 부각하는 촬영과 몽타주를 선보이며 세로 화면비를 적극 활용하였다. 하지만 세로 시네마는 활성화가 되지는 않는다. 스마트폰을 꽉 채운 영상임에도 우리는 답답함을 느낀다. 이러한 답답함은 웹페이지에서 더욱 심해진다. 영상 양옆으로 블랙박스가 생기기 때문이다. 인간의 시야각은 가로 본능을 추구하기 때문에 더욱더 답답함을 자아낸다. 이러한 인간의 본능은 극장 스크린의 위아래로 생기는 블랙박스를 밀어버리고 아이맥스까지 스크린의 화면 비율을 계속해서 확장해왔다. 세로 화면비는 인간의 본능을 거스르는 화면비다. 따라서 단편영화를 담아내기엔 너무 비좁다. 세로 시네마는 〈2001: 스페이스 오디세이〉의 모노리스^{Monolith}처럼 뭔가를 일깨워 다음 단계로 나아갈 수 있는 가능성을 품고 있진 않다. 하지만 세로 화면비를 활용해 재기발랄한 실험을 펼칠 수는 있다. 한국예술종합학교는 틱톡과 손잡고 세로형 초단편 단편영화를 제작하였다. 이를 제24회 부천국제판타스틱영화제서 특별 이벤트로 선보여 인기를 모은 바 있다. 하지만 이것은 단발성 이벤트에 지나지 않는다. 영화의 미래가 결코 될 수 없다.

정리하자면 단편영화는 숏폼 콘텐츠가 될 수 없고, 세로 화면비에도 맞지 않는다. 이유는 단편보다 그것이 수식하는 '영화'에 방점이 찍혀 있기 때문이다. 단편영화는 긴 시간의 압박을 벗어나고자 만들어진 것이 아니다. 장편영화가 먼저 존재하고 그것이 지루하여 단편영화가 등장한 것이 아니다. 영화의 역사는 단편영화로 시작하여 장편영화로 시간이 점차 길어진 셈이다. 장·단편의 구분이 생긴 이래로 두 영화는 서로 다른 영역이 되었다. 단편영화는 짧은 러닝타임이란 한계상황을 더 적극적으로 활용해야 한다. 장편영화에서 할 수 없는 색다른 리듬과 템포 그리고 분위기를 자아내고 새로운 실험을 펼칠 수 있어야 한다. 이를 액정화면이 품기엔 다소 무겁다.

이러한 무게감은 영화관만이 품을 수 있다. 마틴 스코세이지는 마블 프랜차이즈 영화를 비판한 글에서 극장에서 관객을 대상으로 큰 스크린에 영화를 상영하는 것을 원하지 않는 영화 제작자는 단 한 명도 없다고 지적했다. 큰 극장 스크린을 상상하고 영화가 만들어져야 한다는 것이다. 제아무리 팬데믹 상황이라 할지라도 말이다. 최근에 한 사례를 살펴보자. 단편영화 〈남매의 집〉으로 제8회 미쟝센 단편영화제 대상을 받은 조성희 감독의 〈승리호〉가 그것이다. 〈승리호〉는 팬데믹 상황으로 인해 극장 개봉을 하지 못한 채 넷플릭스 행을 택했다. 극장에서 개봉을 했더라면 좀 더 높은 평가를 받지 않았을까 싶다. 이유는 관람 환경에 있다. 스마트 기기의 액정화면으로 영화를 관람할 때 영화관과 다른 신체적 반응을 선보인다. 넷플릭스를 비롯한 OTT 플랫폼을 통해 콘텐츠를 소비할 때 몸은 점차 뒤로 젖혀진다. 이는 시간의 압박을 견디지를 못한다는 것이다. 쉽게 지루함을 느끼기에 자극을 줘야 한다는 것이다. 하지만 영화는 관객의 몸을 스크린 앞으로 당긴다. 의자에서 관객의 등이 떼져야 한다는 것이다. 하지만 〈승리호〉는 지금 관람 환경에서 지루한 리듬을 선사했을 가능성이 크다.

이는 〈승리호〉만의 문제가 아니다. 거장 감독들의 영화도 이런 위기에 봉착한다. 봉준호 감독은 골든글로브 외국어영화 심포지엄에서 마틴 스코세이지의 〈아이리시맨〉에 대해서 이야기한 적이 있다. 그는 이 3시간 반의 긴 영화를 영화관에서 봐서 다 볼 수 있었지 자신의 아이패드로 봤다면 다 볼 수 있었을지는 알 수 없다고 말했다. 그가 지적한 영화관의 장점은 감독이 창조한 영화의 리듬을 고스란히 관객에게 전달할 수 있다는 것이다. 그 이유는 영화관엔 정지 버튼이 없기 때문이다. 다시 말해, 관객의 능동성을 억제해야 하는 환경이 영화에겐 중요하다는 뜻이다. 그러한 상태에서 스크린에 영사된 영화는 관객을 짓누르는 무게감을 선보이게 된다.

단편영화란 무엇인가?

영화관을 나온 단편영화는 새로운 미디어 환경 안에서 숏폼 콘텐츠와 같은 형식을 공유했다. 희망처럼 보였지만 그 안으로 들어가기엔 단편영화는 무거웠다. 단편영화는 다시 영화관으로 발길을 돌릴 수밖에 없는 것이다. 다시 돌아온 영화관에서 '단편영화란 무엇인가'란 질문을 해보게 된다. 이 질문은 결국 '영화란 무엇인가'란 질문이기도 하다. 프랑스의 영화평론가 앙드레 바쟁의 논의를 끌어와야 할 것 같지만 이 글에선 단편영화 극장 개봉을 경험한 감독의 논의가 좀 더 어울릴 것 같다. 그 사람은 바로 단편영화 〈철의 여인〉을 연출한 '곡사'의 김곡이다. 그는 자신의 저서 『영화란 무엇인가에 관한 15가지 질문』에서 '분위기'를 강조한다. 분위기는 닫아야 생긴다고 그는 주장한다. 이는 다른 말로 영화관의 중요성을 언급했다고 볼 수 있다. 하지만 그는 영화가 만들어내는 분위기는 단지 영화관에서만 느낄 수 있는 것이 아니라고 말한다. 좁은 화면에서라도 그것을 느낄 수 있다고 말한다. 김곡이 말하는 분위기는 타르콥스키의 개념에서 빌려온 것이다. 타르콥스키는 분위기를 시압, 시간압력이라 정의한다. 김곡은 이러한 시압이 영화의 고유한 본성이라 주장한다. 이러한 시압이 스크린을 뚫고 관객에게 전달돼 영화의 분위기를 느끼게 한다는 것이다. 그가 주장하는 영화의 분위기는 시간과 육체의 결합에 있다. 그는 무언가가 일어날 것 같은 느낌과 그것을 느끼는 주체인 육체를 강조하고 그것은 절대 사유가 아니라고 주장한다.

이를 토대로 세 편의 단편영화의 특징을 살펴보고자 한다. 이들은 모두 시간을 뚫고 살아남은 작품이다. 〈남매의 집〉, 〈숲〉, 〈몸 값〉. 이들은 모두 무언가가 일어날 것만 같은, 터져버릴 것만 같은 느낌을 관객에게 끊임없이 제공한다. 그것이 주는 스트레스가 이 세 편의 영화의 분위기를 만들어낸다. 〈숲〉과 〈몸 값〉은 스트레스가 해소되면서 영화가 끝나지만, 〈남매의 집〉은 스트레스를 가득 품은 채로 끝이 난다. 다시 말해 영화 자체가 알 수 없는, 이름 모를 분위기, 기체 덩어리에 가깝다.

단편영화는 존재론적으로 시간의 압력이 높다. 짧은 시간 안에 이야기를 풀어내야만 하기 때문이다. 따라서 이 세 편의 영화 전략은 바로 상황 안에 관객을 내던져버린다는 것이다. 아무것도 모르는 상황에서 느껴지는 알 수 없는 분위기에 관객은 압도된다. 친절함은 단편영화에선 특히 독이다. 지나친 설명이 어울리지 않는 것이다. 세 편의 영화 속에는 죽음이란 기운이 전반적으로 깔려 있다. 이러한 자극적인 소재로 거친 매력을 나타내야만 하는 것도 아니다. 반대의 예로 김종관 감독의 〈폴라로이드 작동법〉이 있다. 영화는 앞서 언급한 세 편에 비해 러닝타임이 매우 짧다. 단 6분 안에 사랑의 분위기로 관객을 휘감는다. 정유미의 얼굴 클로즈업과 보이지 않는 선배의 얼굴을 대비하여 짝사랑의 감정을 표현했다. 결국 시간을 뚫고 살아남은 단편영화의 공통점은 상황 속에 관객을 내던지고 감독이 표현하고자 하는 분위기에 가둔 것이라고 할 수 있다.

네 편의 단편영화가 정답은 아니지만 시간을 뚫고 살아남 았다는 점에서 시사하는 바가 크다. 결코 그들에겐 짧은 러닝타임이 한계처럼 보이지 않는다. 이들의 영화는 트렌드에서 많이 벗어나 있고 장르가 뒤섞여 뭐라고 규정 짓기도 애매한 영화들이다. 이들의 '짧을 단短'은 이제 '끊을 단斷'으로 변한 것이다. 기존의 흐름을 끊고 벗어나 다른 갈래로 나아가면서 이들의 단편영화는 홀로 서게 된다. 이들의 영화 앞에 단편이나 독립이란 수식어도 필요 없다. 그저 영화로 살아 숨 쉬게 된 것이다. 이것이 단편영화의 진정한 독립이다.

비평도 단편영화가 될 수 있을까?

위에서 이야기한 단편영화는 주로 극영화였다. 이외에도 다큐멘터리, 실험영화, 에세이영화 등 다양한 형태의 단편영화가 존재한다. 여기에 비평도 텍스트에서 벗어나 단편영화의 모습으로 이곳에 침투하려고 한다. 장뤼크 고다르는 "진정한 영화평론가는 이제 영사하게 될 것이다"라고 예언적으로 말했다고 한다. 그의 예언의 출처는 정확히 알 수 없지만 발견된 곳은 미디액트에서 진행한 오디오비주얼 필름 크리틱 강좌 설명란이다. 이 강좌의 수료작은 2015년, 2016년 두 차례나 인디다큐페스티발에서 상영된 바 있다. 이후 미디액트 수업은 계속 진행 중이며 2018년 한국독립영화협회 독립영화비평상에 오디오비주얼필름크리틱부문이 신설되어 비평의 저변을 넓히고 있다. 하지만 영상 비평이 극장 스크린에 영사되기는 힘든 일이다. 물론 파운드 푸티지 방식을 통해 실험영화들 혹은 에세이영화들이 몇몇 영화제서 선보이긴 해왔다.

실제로 일반 대중이 체감하는 영상 비평은 영화 유튜버로 귀결된다. 유튜브 플랫폼을 통해 액정화면에 비평이 영사되고 있는 셈이다. 이들은 누군가에겐 진정한 영화평론가일 것이다. 셀 수도 없을 정도로 많은 영화 유튜버가 존재한다. 유명한 영화 유튜버의 경우 그 자체로 미디어다. 웬만한 영화보다 큰 존재이며 이들의 등장과 업적은 그 자체로 시네마다. 하지만 이들의 영상이 비평적으로 나아가고 있는지는 의문이다. 비평적 관점을 담아낸 영상도 물론 존재한다. 하지만 유튜브 생태계에서 그런 영상은 인기를 얻지 못한다. 영화 유튜버의 콘텐츠는 대개 10~20분대의 프리뷰 영상이 전부다. 영화 이미지는 배경으로 활용할 뿐이고 자신의 역할을 비평가보다는 스토리텔러에 둔다. 이 시장에서는 이미지보다 말이 최고의 가치다. 따라서 영상을 굳이 안 보고 틀어놓은 상태로 듣기만 해도 무방하다는 것이다. 말을 잘한다는 것은 GV나 인터뷰 시장으로 바로 직결된다. 어수룩한 평론가보다 끊김 없이 유려하게 말을 구사하여 행사를 진행하는 사회자가 필요한지도 모르겠다. 그것이 가능하기 위해선 수많은 지식과 훈련이 필요하다. 그들의 능력을 폄하할 생각은 없다.

2014년 호주 멜버른국제영화제서 자크 리베트의 〈아웃 원〉에 대한 오디오비주얼 필름 크리틱 작업을 착수하여 '〈아웃 원〉 비디오 에세이 프로젝트'란 이름으로 평론가들의 작업을 공개한 적이 있다. 만약 이런 프로젝트가 한국에서 벌어진다면 평론가뿐만 아니라 영화 유튜버도 참여시킬 것을 영화제 프로그래머들에게 제안한다. 이들의 영상이 영사될 장소가 극장 스크린이라면, 이들은 평소 자신의 유튜브에 업로드하는 스타일로 영상을 만들지 않을 것이라고 장담한다. 어쩌면 참여를 고사하거나 영상에 대한 깊은 고민을 시작할 것이다. 물론 평론가들도 마찬가지일 것이다. 단편영화가 그랬듯이 영상 비평도 자신이 영사될 비평의 장소를 극장 스크린으로 상정해야 한다. 설령 그게 불가능할지라도 말이다. 주로 영상 플랫폼에 게재가 될지라도 극장 스크린에 가까워지려는 다시 말해 영화에 가까워지려는 노력을 해야 한다. 영화에 가까워진다는 것은 영화라는 재료를 가지고 이미지 언어를 만들어보려는 노력을 의미한다. 말과 글로 영화 이미지를 묶어내는 작업으로 계속해서 미끄러지지만 한순간이라도 영화가 돼보려는 노력이 필요하다. 한국에서 오디오비주얼 필름 크리틱이란 시장은 겨우 시작하는 단계거나 혹은 없는 거나 다름없다. 이것을 만들려는 사람보다 이것에 대해 말하고 글로 설명하려는 사람이 더 많아 보인다. 영상 비평이 말이나 글을 압도할 순 없다. 다만 다양한 비평 채널을 확보하여 서로 부닥치고 조우하면서 새로운 비평 언어가 창조될 수 있다고 생각한다.

∞

주인 없는 영화

'연출'이라는 오욕의 기술에 관하여

.

———

김병규

김병규 영화평론가

———

중앙대학교 영화학과 재학. 2018년 《필로FILO》와 《씨네21》 영화평론상으로 등단 후 여러 매체에 비평을 기고 중이다.

———

도무지 내키지 않는 글을 써야 할 땐 책상 앞에 앉는 시간을
최대한 미루거나 하려는 말을 오랫동안 입 안에서 굴려대며
무책임하게 웅얼거리게 된다. 이는 망설임이라기보다는 필
요치 않은 문장을 군이 적어내야 한다는 데서 빚어지는 이물
감에 가깝다. 꼭 써야 할까? 이 주제에 대해 무언가 덧붙일
만한 관점이 남아있을까? '2000년대 한국 단편영화의 의미
를 정리하고 되짚어보는 기획'이라고 짧게 소개받은 책자의
의의에 특별히 반감이 드는 건 아니다. 다만 회피하고 싶은
상투적인 결과물의 외형이 빤히 스쳐 지나가기 때문에 한없
이 다른 생각들로 도망치고 싶어진다.

수많은 사례를 몇 가지 특징과 징후로 진단하고 그것들이
만들어지는 조건을 뭉뚱그려 살피고는 편리한 범주의 윤곽
선을 그린 뒤 그들에게 당도한 위기를 감지하거나 소수의 예

외적인 결과물에 찬사를 보내는 것. 단편영화를 가리키는 대개의 비평적 작업은 이 문장이 구성하는 경로를 크게 벗어나지 않는다. 이러한 작업이 그 자체로 무가치하다고 단언할 순 없을 테지만, 여전히 우리에게 유효한 문제의식을 불러일으킨다고 확신하기란 쉽지 않다. 시기를 막론하고 만만하게 불려 나오는 성찰 없는 진단—다음과 같은 소견을 지어내 보자. 단편영화에 하등 관심 없는 사람이라도 금방 지어낼 수 있을 만한 범용한 소견서를. '단편영화 제작 편수는 월등히 늘어났고, 제도권 영화를 방불케 하는 기술적 완성도를 선보인 결과물 또한 전보다 많아졌다. 하지만 독립 단편이라는 좌표에 걸맞은 대안적 사유와 방법론을 제안하는 작품군/영화제 서킷은 사라지고 있으며 극소수 평자들의 비위를 맞추는 폐쇄적인 '아류작'과 제도권에 아부하는 '유망주'들의 영화가 그 자리를 채우고 있다는 측면은 염려스러운 부분이다'—을 또다시 되풀이할 필요가 있을까?

다른 한편으로 조금은 사적인 전제를 들먹이자면, 나는 오늘날 한국의 환경에서 가장 많은 졸업/독립 단편영화를 만들어내는 조직인 대학교 영화과에 적을 두고 있고, 조만간 그 수많은 단편영화 가운데 하나로 취급될 것이 분명한 영화를 찍어야만 졸업 요건을 충족하는 상황이기 때문에, 어떤 방식으로든 '단편영화' 전반에 대해 어설프게 지껄이는 데 깊은 거부감이 인다. 그러므로 이 글에선 젊은 단편영화 감독들을 통틀어 공통적으로 발견되는 예상 가능한 비판을 늘어놓는 일은 최대한 피하려고 한다. 그런 말대로라면 나도 예외가 아닐 것이다. 물론 대다수 단편영화가 제작되는 현장의 내부자를 자처하는 이 역할에서도 쉬운 길은 있다. 영화과는 팽창할 만큼 팽창했고, 영화를 만들고 싶어 하는 연출자 '지망생'(우스꽝스럽지만 틀린 호명이라고 기각하기 어려운!)들의 열망도 흘러넘치고 있다. 무수히 많은 영화, 무수히 많은 다큐멘터리, 무수히 많은 웹 콘텐츠…. 의아할 정도로 모두가 영상을 만들어대지만, 소수의 승인으로 합의된 몇 작품을 제외하면 적극적인 논의의 대상이 되는 사례를 찾아보기 힘든 이 이례적인 풍경을 앞에 두고, 제작 워크숍과 졸업 영화라는 체계를 통해 단편영화들을 산출해내는 영화학교 시스템에 관한 이런저런 상념으로 지면을 채우는 것도 가능한 일이겠지만, 이 또한 앞서 언급한 비평가의 상투어와 크게 다르지 않은 전공자의 상투어를 남발한다는 혐의를 벗어나기는 어려울 것이다.

한 가지 예로 이 지면에서 거론하기 조금 미안한 얘기지만 나는 미쟝센 단편영화제나 단편영화 전문 배급사 같은 평준화된 유통 경로가 없어지는 편이 영화과에서 영화를 만드는 이들에게는 더 이로운 환경일 것이라고, 반쯤은 농담처럼 나머지 절반의 진심을 섞어 이야기하곤 한다. 각자의 고유성을 구분하기 어려울 만큼 균질화된 영화제와 배급사는 타협적인 상징자본을 판매하며 영화를 다루는 범주를 단순화하는 데 기여할 뿐이라는 생각에는 여전히 변함이 없지만, 애매하게 경계에 발을 걸친 연루자의 불만이 함유된 것처럼 여겨지는 이런 제도적 논의에 대해서도 이 지면에서는 언급하지 않을 생각이다. 적어도 학생/독립 단편영화라는 제재를 다루는 데 있어서 나는 여느 평론가들처럼 천연덕스럽게 비평적 논의를 진전시키기 어렵고, 그렇다고 철저히 영화를 만드는 당사자의 위치에 서서 단편영화 제작 환경과 연출적 자의식에 대해 말을 얹기엔 더더욱 자격이 없다.

그러므로 분할된 두 구역의 취약한 부분만을 가리키는 냉소적인 비판자의 역할을 자임하는 대신, 차라리 (특별한 것은 없지만) 애매한 정체성 사이를 관류할 수밖에 없는 처지임을 무람없이 받아들여, 학생/독립 단편영화가 제작되는 작은 환경을 둘러싼 몇 가지 실천적 문제에 대해 언급해보고 싶다. 통상적인 비평의 관점에서 단편영화의 경향, 비전, 역사, 사례, 조건을 들여다보는 조감의 작업이라기보다는 애매한 실천자의 관점에서 영화를 만들어내는 과정에 불쑥 침범하는 비평적 신호들을 건드려보는 작업에 가까울 것이다. 생산자와 감상자를 임의로 내부와 외부에 위치시킨다고 한다면, 이는 외부의 시점에서는 내부에 발을 들이려는 기만적인 담치기로 비칠 것이고, 내부에 머무는 이들에게는 자꾸만 바깥으로 들락거리는 밀반출자로 여겨질지도 모른다. 어느 자리에 서더라도 혐의를 피할 수 없을 테지만, 그럼에도 무언가 변론할 것이 있다면….

'주인 없는 현장'

2000년대 한국 단편영화의 역사와 의미, 충무로 감독들을 중심으로 장르영화 위주의 영화제라는 슬로건을 내세워 출범한 지 20년 만에 영화제 형식을 마감하는 미쟝센 단편영화제가 남긴 효과, 고도의 양적 팽창을 이뤄낸 영화학교 제작 시스템이라는 기능 등의 굵직한 주제들을 손에 꼽으면서, 다른 한 손으로는 난데없는 작은 얼룩을 공론장 위에 끼얹어 보고 싶다. 언뜻 공식적인 논의로 끌어들이기엔 부적합해 보이고 사안의 당사자들에게는 다소 무례한 인용으로 받아들여질지 모르는 그 얼룩이란 권만기 감독의 장편영화 〈호흡〉(2018)과 주연으로 참여한 윤지혜 배우의 문제 제기라는 사태다. 이는 단편영화 현장에서 벌어진 일이 아닌 데다, 일견 비평적으로 건드릴 만한 사건도 아닌 것 같지만, 인스타그램에 작성된 윤지혜의 '증언'에는 오늘날 대다수 단편영화 현장에서 그려지는 상황과 공명하는 네거티브 이미지가 발견된다.

논의를 전개하는 데 필요한 전후 관계를 짧게 요약하자면 다음과 같다. 윤지혜의 주장에 따르면 〈호흡〉의 현장은 최소한의 안전조차 확보되지 않은 채로 촬영이 진행되는 등 비정상적인 상태로 운용되었고, 전문가다운 책임감을 결여한 아마추어적인 작업 환경과 감독의 태도로 인해 정신적으로 타격을 입었으며, 개봉을 앞두고 영화사에서 공개한 "마케팅에 사용된, 영화와 전혀 무관한 사진"들을 보고 "다시 한번 뒤통수를 맞은 기분"에 폭로를 결심하게 되었다고 한다. 물론 여기서 우리에게 필요한 것은 진실 공방이 아니다. 활동가를 자처해 폭로문이 가리키는 열악하고 느슨한 독립영화 제작 환경의 문제를 거론할 생각은 추호도 없다. 학생/독립영화 판에서 빈번하게 목격되는 창작자들의 무기력한 태도, 그리고 그러한 무기력을 위장하고자 과도하게 늘어놓는 자조적인 자세를 비난하려는 의도 또한 없다. 대신 예의 폭로문에서 제기된 몇 가지 고민해 볼 법한 대목들을 원문 그대로 가져와 본다면 이런 것들이다.

"이 작품은 보통의 영화처럼 제작된 게 아니라 한국영화아카데미^{KAFA}라는 감독·촬영감독 교육기관에서 만든 일종의 선정된 졸업 작품 형식이며 제작비는 7,000만 원대였습니다. 교육할 뿐 나머지 또한 다 감독이 알아서 해야 하는 구조로 소위 도와준다는 개념으로 나머지 외부 스태프들이 붙습니다. 피디 또한 그런 개념으로 붙었고 몇 명은 알바 아닌 알바로 오고 싶을 때 왔습니다."

"컷을 안 하고 모니터 감상만 하던 감독 때문에 안전이 전혀 확보되지 않은 주행 중인 차에서 도로로 하차해야 했고, (⋯) 감정을 유지하고 있는 것도 고문인데 촬영 도중 무전기가 울리고, 핸드폰이 울리고,

알람이 울리고… 돈이 없다며 스태프 지인들로 섭외된 단역들은 나름 연기한다고 잡음을 내며 열연하고, 클라이맥스 신을 힘들게 찍을 땐 대놓고 문소리를 크게 내며 편안하게 출입하고 그리고 또 어김없이 벨소리가 울리고 (…) 방향성도 컨트롤도 없는 연기하기가 민망해지는 **주인 없는 현장**이었습니다."

"현장에서 제가 가장 연장자였고 가장 오래된 경력자였습니다."

언급된 것처럼 윤지혜는 〈여고괴담〉(1998)으로 영화계에 데뷔해 20년이 넘는 기간 동안 '공식적인' 필모그래피로만 스무 편 이상을 남긴 오랜 경력의 연기자다. 권만기는 중앙대학교 첨단영상대학원을 거쳐 한국영화아카데미에 진학하는 동안 여러 편의 단편 작업으로 주목받은 뒤〔그중 〈에펠탑과 멋진 그녀〉(2006)와 〈초능력자〉(2015)는 미쟝센 영화제에서 상영된 바 있다〕 장편 졸업 작품인 〈호흡〉을 만든 신인 연출자다. 반복해서 강조하건대, 단순히 이런 세대와 경험의 차이를 빌어 어느 한쪽을 비난하거나 반대로 다른 한쪽을 옹호하기 위해 그들을 둘러싸고 새어 나온 분쟁을 끌어들이려는 것은 결코 아니다. 현장에서 모든 광경을 지켜보았을 관계자들이라면 제대로 된 상황도 모르는 주제에 쓸데없는 참견을 덧댄다고 비난할 수도 있을 테지만, 그보다 나는 윤지혜 배우가 제기한 현장에서의 '연출'이라는 문제를 자문_{自問}해보고 싶어진다. 슬쩍 말했듯이, 이 폭로문은 학생/독립 영화가 공유하는 전형적인 환경에 대해 그 어떤 비판적 평가보다 강력한 자각을 요구하기 때문이다.

폭로문에 지시되는 '주인 없는 현장'이란 상태가 〈호흡〉의 촬영 과정에서 유별나게 나타난 현상이라고 단정할 수는 없을 것이다. 학생/독립 단편영화를 찍는 곳이라면 어디서든 어렵지 않게, 엄밀히 말하면 훨씬 더 만연하게 목격할 수 있는 광경이다. 안전성이 확보되지 않은 현장이라는 문제는 잠시 다른 층위로 차치해두고 말한다면, 폭로문에 명시된 다음과 같은 모습들을 언급할 수 있다. 제작 과정을 통틀어 너무 많은 역할을 도맡는 감독, 정작 현장에서는 모니터만 지켜볼 뿐인 연출자, 조율되지 않은 채로 부조화를 일으키는 서로 다른 유형의 연기자들, 기준 없이 줄어들고 늘어나는 테이크 길이와 모호한 오케이 컷. 특히 "모니터 감상만 하던 감독"이라는 지적을 피해갈 만한 단편영화 연출자가 얼마나 있을지 나는 장담할 수 없다. 하지만 이런 현상이 발생하는 원인으로, 영화연출의 본질을 오해하는 디지털 세대의 학생/독립 영화 감독들의 아마추어리즘을 문제 삼고 싶지는 않다. 반대로 아마추어리즘은 프로페셔널한 역량에 도달하지 못한 하위 개념이 아니라 요리스 이벤스가 말하는 것처럼 소재로부터 자유로울 수 있고, 대중의 악취미에 사로잡힐 염려가 없는 자발적인 저항의 기제로 받아들여야 한다. 오히려 되묻고 싶은 것은 오욕의 대상이 되어버린 '연출'이라는 기술에 대해서다. 모니터를 쳐다보면서 오케이를 외친다고 연출이 성립되는 게 아니라면, 연출자를 비로소 '연출자'로 만드는 기제는 어디에서 찾을 수 있을까?

연출이라는 기술

연출한다는 것은 무엇을 지시하는가? 촬영 현장에서 감독이 수행하는 작업 전반을 가리키는 그 동사는 구체적으로 어느 행위부터 어느 행위까지를 범주로 삼는 것인가? 나는 잘 모른다. 하지만 우리보다 먼저 이 문제를 고민한 이들의 결론에 의존해서 몇 가지 선례를 빌려오는 건 어렵지 않다. 이를테면, "감독은 자신의 삶에 누적된 경험을 찍는 것뿐"이라고 진술하는 고백을 듣거나, 그보다는 물리적인 차원에서 연출의 원칙이란 그저 "정확한 자리에 카메라를 두는 것", "인물들의 동선을 정교하게 보여주는 것"이라고 말하거나, 또는 "무엇보다 주인공의 눈을 찍는 것"이라 말하는 단호한 전언을 발견할 수 있다. 혹은 윤지혜가 제기한 문제의식과 비슷하게 연출자의 역량은 "적재적소에 배우를 캐스팅"하고 "연기자의 액션을 통제하는 관장자"로 실행된다는 의견도 경청할 만하다. 학교나 작은 규모의 현장에서 통용되는 훨씬 더 실용적인 버전도 있다. "훌륭한 감독은 타임테이블을 지키는 사람이다", "연출자의 자질은 원하는 바를 분명하게 지시하고 결정하는 것뿐"이라는 언술이 이에 해당한다. 이런 언술은 진부한 예술가적 자의식을 그만큼이나 진부하기 짝이 없는 직업인의 자부심으로 받아치려는 의도가 훤히 드러나 있어 흔쾌히 받아들이기엔 껄끄럽지만, 그 자체로는 동의할 수밖에 없는 확고한 통찰을 담고 있다.

짐작했을 테지만 위 문단에서는 위대한 영화감독들, 예민한 감식안의 비평가들이 남긴 연출에 관한 저명한 견해와 더불어 영화가 만들어지는 현장 주변을 기웃거리는 익명의 시정잡배들이 뱉어낸 정의를 뒤섞어 그들의 이름을 지운 뒤 무분별하게 갈취하고 있다. 그러나 이처럼 서로 다른 분야에서 도출된 결론을 중첩한다 해도 우리가 얻게 되는 것은 '연출하다'라는 동사를 가시적인 형태로 구체화하기 난감하다는 사태다. 일일이 거론한 개별 문장들의 다짐, 태도, 역할, 행동이 연출자가 지녀야 할 특별한 면모라는 데 수긍하면서도, 연출이라는 대상의 총합은 여전히 비가시적이다. 물론 예시로 언급된 모든 요소와 언급되지 않은 다른 많은 역량을 합친 고도의 기술이 바로 연출이라고 뭉뚱그려도 틀린 말은 아니다. 하지만 바보의 역할을 자처해 따져 묻기로 하자. 이렇게 명시된 복잡다단한 실체에도 불구하고, 왜 연출은 때로 성립되지 않는가 혹은 연출의 역량은 어째서 축소되고 있는가. 앞서 제기한 질문으로 되돌아오자면, 왜 우리는 단편영화를 찍으며 현장의 주인이 되기를 멈추고 모니터 앞에(만) 사로잡히게 되었을까.

문제를 단순하게 해석한다면 이는 '시각적 구성'을 연출의 중핵에 두는 편향된 믿음에서 촉발된 습관이라고 지적하고 싶을지 모른다. 우스운 비교지만 예컨대 현장의 연출자는 모니터를 확인할 뿐 오디오를 점검하지는 않는다. 더군다나 영화를 평가하는 강력한 기준은 대개 프레임 내부의 조건(숏의 크기와 길이, 화면을 차지하는 피사체의 비율, 카메라와 대상의 거리)에 집중되어 있다. 그러나 프레임 내부를 가리키는 이런 강박적인 통제는 당연하게도 연출의 한 부분이지만 결코 핵심적인 과업이라고 말해선 안 될 것이다. 장면 단위(유튜브 클립, 움짤, gif)로 쪼개진 오늘날의 영상 환경에서 단편적인 시각적 강박은 갈수록 문제적인 논의로 다뤄져야 한다. 하지만 이런 현상은 단편영화에서만 드러나는 문제라기보다는 영화 문화 전반에 적용될 법한 폭넓은 주제이며, 더군다나 사태의 근본적인 원인이라고 볼 수도 없다.

그러므로 우리는 상술한 연출의 속성을 모두 부정하지 않되 영화를 움직이게 하는 또 다른 원리를 나란히 끌어들이는 데서 타개책을 찾아야 할 것이다. 그리고 그 원리는 영화를 구성하는 가시성의 영역으로 드러나는 대상이 아닌 비가시적으로 배회하며 스크린에 비친 이미지/사운드의 운동과 긴장을 형성하는 전제로 받아들여야 할 텐데, 이는 바로 픽션의 규약을 스크린에 투과하는 것이다. 결론부터 말하면, 나는 이 주제가 대다수 관객과 평자는 물론 영화를 만드는 이들에게조차 크게 주목받지 못하는, 그러나 오늘날 한국 단편영화에서 가장 치명적으로 결핍된 '연출'의 요인이라고 본다.

픽션의 규약

간단히 말해 픽션의 규약이란 지금 여기의 조건에서만 가능한 임의적 허구에 영화를 가담케 하는 시스템이다. 그 규약이 작동하는 방식을 살피기 위해 우리는 '모니터만 지켜보는 연출자'의 반대편에, 픽션의 규약을 스크린에 투과하는 작업이야말로 영화연출의 가려진 중핵임을 일러주는 한 연출자의 일화를 배치해보고자 한다. 아바스 키아로스타미는 다섯 개의 숏으로 구성된 〈파이브〉(2003)를 촬영하는 현장을 술회하며, 카메라를 가져다 대고 자신은 잠을 잤다고 말한다. 엠파이어 스테이트 빌딩의 외경을 8시간의 기록으로 담아낸 〈엠파이어〉(1964)를 촬영하는 동안 현장에 없었다는 '연출자' 앤디 워홀의 일화를 부드럽게 번안한 듯한 이 주장이 사실인지 따지는 건 중요치 않다. 키아로스타미는 현장을 지휘하고 프레임 내부를 통제하는 보편적인 연출자의 역할이 그가 구성한 픽션의 방법과 무관하다는 사실을 고백한 것이기 때문이다.

한편으로 잠에 대한 이러한 키아로스타미의 언급은 "영화의 목표는 극장에 앉은 관객들을 잠들게 하는 것"이라는 그의 유명한 지론과 거울 관계를 이루며, 침대에 누워 잠이 든 젊은 커플을 찍은 설치작업 〈잠자는 사람들〉(2001), 자동차에서 잠들었다 깨어나기를 반복하는 〈사랑에 빠진 것처럼〉(2012)의 인물들을 떠올리게 한다. 모니터 안에서 느리게 재생되는 흑백영화와 창문 바깥의 풍경을 앞에 두고 책상에 앉아 잠을 청하는 남자의 뒷모습을 비추는 〈24 프레임〉(2016)의 마지막 장면에 이르면 변모하는 세계의 움직임과 대비되는 주체의 잠을 키아로스타미의 경력을 관류하는 오랜 주제로 받아들일 수 있을 테다.

서둘러 우리의 주제로 되돌아가자면, 〈파이브〉에서 해안을 향해 카메라를 설치해두고 잠을 자버린 키아로스타미는 무엇을 '연출'한 걸까? 말할 것도 없이, 그는 서로 다른 다섯 개의 물가 풍경을 포착한다는 규칙을 설정했을 뿐이다. 이 규칙을 전제한 채로 현실의 물리적인 풍경 앞에 카메라를 배치하는 순간, 프레임에 우연히 붙잡히고 사라지는 피사체들과 픽션이 전제해둔 규칙은 예기치 못한 충돌을 발생시킨다.

하나의 픽션을 구성한다는 건 하나 혹은 그 이상의 임의적인 규칙을 도입한다는 뜻이다. 그리고 하나의 픽션이 비로소 연출되는 것은 이처럼 설정된 규칙과 무작위로 운동을 일으키는 영상이 충돌하는 순간에서다. 〈파이브〉는 서사적 차원뿐만 아니라 화면 내부의 물질적인 차원에까지 장력을 미치는 픽션의 규칙을 구조화한다. 픽션이 발생한다면, 연출자는 강박적으로 모니터 앞에 붙잡혀 있을 필요가 없다. 심지어 영화가 촬영되는 상황을 눈으로 지켜보지 않더라도 무방하다.

이와 같은 픽션의 규칙을 단편영화의 길이와 형식에 맞춰 실행한 사례는 멀리 있지 않다. 어쩌면 키아로스타미보다 더욱 민감하고 간결한 방법으로 픽션의 힘을 구체화하는 이 연출자는 한 여자가 내일 할 일을 적은 한 장의 종이만으로 영화를 요동치게 한다. 홍상수의 〈리스트〉(2012)가 그것이다. 어머니와 함께 지방에 내려온 딸은 무료함을 달래기 위해 열가지 할 일을 종이에 적는다. 다음 날 카메라는 리스트에 적힌 내용을 실천에 옮기는 딸의 여정을 따라간다. 이 여정에서 픽션은 리스트에 적힌 문자의 내용과 실제로 수행하는 행동의 이미지 사이에 감도는 차이를 흔들며 스크린에 침입한다. 한 여자가 적은 목록과 그녀가 직접 수행한 행동들 사이에서만 잠시 진동하다 사라지는 이 유일무이한 픽션을 만들어내는 힘이 홍상수의 연출이다.

도둑질의 창조성

학생/독립 단편영화를 논하면서 참조의 대상으로 키아로스타미나 홍상수 같은 거대한 이름을 끌어오는 건 반칙이나 다름없는 부당한 일이지만, 두 사람의 영화가 오늘날에도 유독 수많은 아류작을 양산하고 있다는 측면을 환기하고 싶다. 학생/독립영화계에서 이들을 참조 삼아 제작되는 아류작들은 대개 비슷한 오해를 저지르는데, 예컨대 키아로스타미를 훔친다는 건 어린아이들이 만들어내는 작은 소동을 그려낸다는 의미가 아니다. 마찬가지로 홍상수를 훔친다는 건 술에 취해 횡설수설하는 인간 군상의 현실적 모습을 포착한다는 뜻이 아니다. 〈파이브〉와 〈리스트〉의 사례로 짧게 살펴본 것처럼 그들의 작업에서 주의 깊게 보아야 할 것은 작품 여기저기에 나뒹구는 피상적인 사물과 상황이 아니라 시각적으로는 지극히 평범하기 그지없는 장면들에 긴장을 구획하는 픽션의 규약이다. 그들은 게임의 규칙을 설정하고 실행하는 연출자들이고, 관객이 그들의 영화에서 목격하는 신비로운 순간은 이 전제로부터 산출되는 것이다.

우리가 도달한 한 가지 가설은 다음과 같다. 오늘날 한국 단편영화의 환경에서 연출이 오욕의 대상으로 전락해 있다면, 이는 픽션의 규약이라는 문제를 회피한 데서 발생한 결과다. 그런 의미에서 단편영화는 하나의 사건을 해소하는 작은 영화라고 말하기보다는 픽션적 관계를 형성시키는 하나의 장치를 구축하는 작업에 가까울 것이다. 현실의 논리에 순응하는 이미지에서 벗어나 현실과 충돌하는 비현실의 표상을 만들어내는 것은 픽션의 규약으로부터 산출된 결과물의 힘이다. 독립 단편영화에 진정으로 필요한 작업을 말한다면 그건 현실에 저항하는 대안적인 정신, 태도, 표현이라기보다는 현실과 나란히 맞서는 정교한 픽션을 구획하는 일이다.

마지막으로 언급할 만한 픽션의 연출자가 남아있다. 고다르는 스스로에 대해 삶의 방법을 창조하지 못하고 지나간 세대가 남겨둔 것들을 물려받은 연출자라고 말했다. 고다르가 구축한 영화의 혁신은 역설적으로 비어버린 지대에 극장과 박물관과 서점에서 도둑질한 것들을 채워 넣음으로써 발생한 것이다. 고다르뿐만 아니다. 영화사의 변혁은 많은 경우 버려진 자들, 중심에서 이탈한 이들의 사물과 몸짓으로 수행되었다. 오늘날의 단편영화에도 그와 같은 희망을 걸 수 있다면, 우리가 이전 세대에게서 훔쳐야 할 것은 손쉽게 눈에 드러나는 피상적인 기호의 조각들이 아니라 그러한 기호를 진정 영화적인 질료로 전환케 하는 픽션의 역량이어야 한다.

우리에게는 '단편 예술영화'가 필요하다

단편영화의 미학적 다양성과 예술적 성취에 대하여

박영석

박영석 중앙대학교 강사, 영화연구자

———

2012년부터 2014년까지 미장센 단편영화제에서 프로그래머로 일한 인연으로 단편영화를 꾸준히 소개해왔다. 연구 분야는 영화의 역사 재현과 기억의 문제, SF와 포스트휴먼, 작가 연구이다. 단행본 『21세기 SF영화의 논점들』을 집필했다.

———

한국에서 단편영화가 영화의 주요 분야로 인식되고 비평의 자리에 올라서고 대중의 관심 영역에 진입한 지 대략 20년 이상이 흐른 듯하다. 그 사이 단편영화는 양적으로 질적으로 분명한 성장을 이뤘다. 그러나 단편영화가 잠재적으로 보유할 수 있는 미학적 가능성들이 충분히 발휘되었는가, 그 가능성이 단편영화 일반의 미학으로 확장되었는가 묻는다면 고개를 갸웃거리게 된다. 단편영화가 미학적 다양성을 취하고 예술적 성찰을 더하며, 그럼으로써 하나의 독립적인 예술 매체이자 작품으로서 인정받기 위해 무엇이 더 필요할까? 나는 한국 단편영화계에 소위 말하는 '예술영화'가 필요하다고 본다. 시류에 편승하지 않고 오랜 시간 농축한 사유를 내재하며, 단편으로서 가능한 미학적 형식들을 고민하는 영화 말이다. 물론 이와 같은 선언적 진단을 이끌어내기 위해서는 단편영화의 주변을 둘러싸고 있는 다양한 요소들을 고려하고, 단편영화의 본질적 가치에 대한 질문을 경유해야 한다.

단편영화는 장편 상업영화로 향하는 문지방인가?

위의 소제목을 더 자극적으로 바꾼다면 이러하다. 단편영화는 장편 상업영화 감독으로 데뷔하기 위해 필요한 포트폴리오인가? 이는 아마도 오늘날 한국 단편영화에 대해 가장 자주 제기되는 문제적 질문일 것이다.

20세기까지만 하더라도 한국 영화계에서 감독으로 입봉하기 위해서는 이른바 충무로의 '도제제도'를 통과해야 했다. 기존의 상업영화 현장에 가서 스태프부터 시작해서 조감독까지 단계를 밟아나가며 영화에 대해 수련하는 구조 말이다. 21세기 들어서는 감독이 되기 위한 새로운 경로가 열렸는데, 그것이 바로 단편영화를 만들어 연출력을 인정받은 후 장편 상업영화 데뷔 기회를 잡는 방식이다. 이 가능성을 여는데 상당 부분 기여한 사건은 국제영화제에 단편부문이 생기고, '미쟝센 단편영화제', '부산국제단편영화제', '아시아나국제단편영화제' 등의 단편영화제들이 활성화된 것이다. 단편 영화가 그 자체로 주목받으며 관객들에게 꾸준히 소개될 수 있고, 뛰어난 작품성을 인정받을 경우 수상을 하며 영화계에 이름을 알릴 수 있는 계기를 열어주었다는 점에서, 이들 영화제가 단편영화 발전에 크게 기여했음은 분명하다. 그런데 문제 제기를 할 만한 부분은 시간이 흐르면서 이것이 일반적 경로로서 고착화되었다는 사실이다.

그중 미쟝센 단편영화제의 사례를 들자면, 이 영화제의 핵심 구성요소인 '장르'라는 틀은 일견 이 현상을 강화하는 것처럼 보인다. 멜로드라마, 코미디, 공포, 판타지, 스릴러, 액션 등의 장르를 통해 영화를 선별하고 상영하고 시상하는 구조 내에서, 만약 특정 장르에서 우수성을 인정받아 수상한다면 해당 장르의 장편영화를 연출할 수 있는 기본적인 능력을 갖췄다고 평가받는 것은 물론, 이들에게 조만간 상업영화 데뷔를 기대하는 분위기가 조성된 것이다. 이 기대감은 상당 부분 현실화되기도 했다. 대표적인 예로 이경미, 윤종빈, 나홍진 감독 등을 들 수 있다. 특히 이 연관성이 가장 두드러진 사례는 단편 〈12번째 보조사제〉(2014)를 통해 각종 영화제에서 수상하고, 곧바로 다음 해에 장편 〈검은 사제〉(2015)를 개봉한 장재현 감독의 경우다. 〈검은 사제〉의 주연배우인 강동원의 캐스팅에 〈12번째 보조사제〉가 중요한 영향을 주었다는 감독의 증언도 있다. 이쯤 되면 단편영화제 수상이 장편영화 데뷔에 긍정적인 영향을 주는 것은 물론, 때로는 직접적인 인과관계를 맺는다고 말해도 무리는 아닐 것이다.

중요한 논점은 결국 이 현상을 어떤 관점으로 바라볼 것이냐인데, 단순히 비판적인 시선으로만 볼 필요는 없다는 게 내 생각이다. 단편영화 감독들이 자신의 작품을 인정받고 그것을 계기로 커리어의 성공을 꿈꾸는 것을 어떻게 부정적으로만 볼 수 있겠는가? 오히려 단편영화를 만들면서 연출력을 축적하다가 장편 상업영화의 세계로 넘어가 직업적인 감독으로서의 경력을 쌓아가는 과정을 기존의 도제제도를 대체하는 하나의 건강한 구조로 볼 필요가 있다. 어떻게든 장편 감독이 배출되는 창구는 필요하기 때문이다. 더 중요한 것은 이런 과정 속에서 그 감독만의 세계관과 연출 스타일의 고유성을 어떻게 확립해나갈 수 있느냐이다. 달리 말하자면, 어떻게 하면 우리는 또 다른 봉준호와 박찬욱을 만날 수 있을 것인가?

이 가능성을 타진하면서, 나는 다시금 '장르'라는 요소를 떠올린다. 그런데 거기서 끝나지 말고 '장르적 상상력'이라는 말을 덧붙여야 한다. 미쟝센 단편영화제의 슬로건인 '장르의 상상력展'도 사실은 영화 고유의 장르라는 틀을 가져와 작품의 토대로 삼되, 그것을 그대로 두지 말고 변형하고 비틀고 뒤섞는 상상력을 펼치라는 의미이다. 본래 영화의 장르는 오랜 세월 쌓여온 담론적 합의와 산업적 요구에 의해 기본적인 틀을 유지하지만, 그와 동시에 시대의 흐름과 미학적 열망에 따라 끊임없이 변화하는 성질을 가지고 있다. 한국 단편영화계에서 장르적 상상력은 시간이 지나면서 점차 장르적 완성도에 자리를 내주게 되었던 것 같다. 완성도를 추구하는 태도는 물론 환영할 만한 일이지만, 그러면서 장르적 구조에 갇히거나 정형화되어버리는 일을 경계하는 것은 훨씬 더 중요한 일이다. 이런 조건이 전제된다면, 우리는 단편영화가 장편 상업영화로 향하는 문지방일 수 있음을 기꺼이 인정하면서도, 그 문지방 자체로 충분히 의미 있는 것이라고 말할 수 있을 것이다.

작가주의적 지향과 리얼리티에의 천착

최근 10여 년간 한국 단편영화계에서 가장 눈에 띄게 나타난 흐름을 짚어본다면, 주제적·형식적 리얼리티에 천착하고 작가주의적 태도를 견지하는 영화들이 주류를 이룬다는 것이다. 이는 독립영화계 전반의 주류적 흐름과 공명하는 것이기도 하다.

이런 현상은 우선 단편영화의 제작 환경으로부터 나온다. 일반적으로 단편영화는 거대 자본의 투자를 받아 제작되는 게 아니기 때문에, 단편영화 감독은 영화의 첫 아이디어 단계부터 시나리오 쓰기, 현장 연출, 편집 및 후반작업까지 온전히 주도할 수 있는 입장에 놓인다(물론 영화학과 워크숍 작품이나 졸업 작품은 담당 교수의 지도를 받겠지만, 그것이 자본의 통제에 비할 바는 아닐 것이다). 상업영화에서는 매우 소수의 감독들만 제한적으로 누릴 수 있는 작가주의적 감독으로서의 지위를 누리는 셈이다. 그래서 대다수의 단편영화에는 감독이 살아가는 동시대의 정치적 문제와 사회문화적 담론과 일상의 디테일들이 가감 없이 담긴다. 일견 단편영화가 시대의 훌륭한 반영물이 되고 작품성을 인정받을 수 있는 이상적인 구조인 것처럼 보이지만, 여기에는 맹점도 분명히 존재한다.

가장 큰 맹점은 이러한 작가주의적 진중함이 영화의 내용적 측면을 구상하는 영역에만 치중되는 현상이다. 즉 매체적 성찰이나 형식적·미학적 스타일의 측면에서 작가주의를 추구한다기보다는 주제적 측면에서의 작가주의를 표방하는 경우가 절대다수라는 점, 그 편중성이 문제이다.

좋은 시나리오를 쓰는 것, 우리 시대의 분위기를 포착하는 것 그리고 자신의 내면을 반영하려는 시도는 작품의 깊이를 더하는 성찰로 작용할 수 있지만, 다른 한편으로 여기에만 천착할 경우에는 자신을 옭죄는 사슬이 되어버릴 수도 있다. 즉 리얼리티와 작가주의의 추구가 또 하나의 장르처럼 고착화되는 결과가 나오는 것이다. 상당수의 창작자들이 자신이 직접 체험하는 일상의 영역에서만 소재를 찾고, 그 일상의 리얼리티를 세밀히 기록하기 위해 리얼리즘 미학을 취한다면, 결과적으로 같은 시기에 쏟아지는 수많은 단편영화가 비슷한 소재와 주제 그리고 스타일을 가질 가능성이 높아진다. 예컨대 2010년대 초반에 제작된 상당수의 단편영화는 홍상수 감독식의 일상 묘사와 블랙코미디적 취향을 유행처럼 공유했으며, 스마트폰이 처음 대중화되던 시기에는 수

많은 영화가 스마트폰이 우리 일상에 끼친 영향을 직간접적인 주제로 삼았다. 그렇다면 관객 입장에서는 '과연 이 주제 의식이 오랜 숙고와 진지한 성찰로부터 나왔는가 혹은 유행에 편승하는 알맹이 없는 얕은 모방일 뿐인가' 엄밀하게 구별하여 작품을 판별해야 하는데, 때로는 그런 판단을 내리기 이전에 이미 소재와 스타일의 유사성으로 인해 피로감을 느끼게 될 수도 있다. 그럴 경우, 영화의 진지한 주제들은 시대에 대한 근본적인 질문을 생산하지 못하고 하나의 소재주의적 태도로만 남게 된다. 각종 영화제에서 상영 및 수상을 하고 널리 알려지는 작품들만이 아니라 매해 제작되는 단편영화 전체로 고려 범주를 넓히면, 이러한 현상은 훨씬 더 분명하게 드러난다.

물론 불안정한 시기를 살아가며 가장 예민하게 세상을 감각하는 청춘들이 다수를 이루는 단편영화 감독들의 현실적 조건과 빠른 시간 내에 기획부터 완성까지 이를 수 있는 단편영화의 제작 기간을 고려한다면, '자신의 이야기와 동시대 문제를 다룰 것'이라는 명제를 지양하라고 요구하는 것은 무리이다. 다만 그 이야기를 '자신만의 미학적 스타일로 다룰 것'이라는 추가적인 요구는 가능할 것이다. 자신의 작가성 혹은 예술성을 시나리오 쓰기에서만 찾을 게 아니라 미장센, 영화적 시공간 구성, 촬영, 조명, 몽타주 등 시청각 연출의 스타일적 측면에서 추구해야 할 필요가 있다는 것이다. 요컨대 이미지 자체에 주제적 사유를 시적으로 함축할 수 있는 이미지 체제를 어떻게 찾아낼 것인가, 그것이 작가주의의 궁극적인 지향점이 된다면 좋을 것이다. 리얼리티의 관점에서 말하자면, 세계로부터 리얼리티를 발견하고 그것을 충실히 기록하는 영화가 한편에 존재한다면, 다른 한편에는 자신이 발견한 리얼리티를 시청각적 픽션의 구조 내에서 새롭게 재구성하는 영화도 있어야 한다는 말이다.

나아가 자신이 구축하는 영역 내부(동시대, 일상의 체험)만이 아니라 그것을 넘어서는 인식의 확장을 시도할 필요가 있다. 이 세계를 역사적 차원으로 인식하고, 문학이나 미술, 사진, 연극 등 인접 예술을 자양분으로 취한다면 더 풍부한 이미지를 구성할 수 있는 역량을 개발하는 중요한 걸음을 떼는 셈이다. 단적으로 말해, 어째서 단편영화에는 문학 작품을 각색하거나 모티프를 차용한 작품이 없으며, 혹은 회화와 사진으로부터 영감을 받은 이미지가 거의 없는가? 자신이 직접 체험한 세계에 대해 자신의 이야기를 해야 한다는 명제 때문에 간접적 경험을 자신의 것으로 전유할 가능성을 차단한 것은 아닌가? 만약 그런 외부적 요소들이 작품의 창의성을 떨어뜨린다고 믿는다면, 그것은 창의성의 요소를 작품의 내용적 범주로만 한정하고 미학적 재생산의 가능성을 고려하지 않은 편협한 시각에 불과하다.

단편 예술영화는 어떻게 가능한가?

상업 자본으로부터 자유로운 단편영화 제작 환경의 이점을 취하고 자신이 직간접적으로 경험한 세계의 이야기를 구상하면서도 그것을 이미지 표현 영역의 예술성과 창의성으로 확장하는 일이야말로 진정한 의미의 작가주의적 지향점이 될 수 있다. 단편 예술영화는 바로 이러한 조건 속에서 출현한다.

우리가 흔히 예술영화라 부르는 영화들, 시네마테크나 국제영화제나 예술영화 전용관에서 상영되는 영화들에 대해 이론적으로 규정하기는 쉽지 않다. 다만 영화사적으로 모더니즘이나 포스트모더니즘 미학의 영향을 받아 고전적인 영화 미학에 대한 자기반영적 성찰이나 급진적 해체를 시도하는 영화들을 느슨한 의미에서 예술영화라고 통칭한다는 규정 정도는 가능하다. 그중 다수의 경향이라 할 수 있는 모더니즘 미학의 영화들에서 일반적으로 눈에 띄는 인상은 이러하다. 이미지는 탐미적이고 추상적이며, 한 숏의 지속시간이 길고 카메라와 인물의 움직임이 느린 편이라 전체적으로 시적이고 정적인 감각을 제공한다. 내러티브 구조는 비정형적이고 복합적이어서 해석의 여지가 열려있다. 그런 가운데 인물의 외향적 행동보다는 내면의 정서와 심리에 주목하고 실존의 문제에 대한 존재론적 성찰을 내재한다. 리얼리티는 이제 또렷한 실체가 아니라 모호한 추상의 영역에 진입하는데, 오히려 그 내부에서 실재의 본질에 접촉할 수 있는 가능성이 열린다. 이런 영화들은 관객이 이미지를 바라보며 관조하고 사색하게 하는 힘, 나아가 주체적 사유를 유발하는 힘이 있다. 이 힘은 큰 스크린에서 펼쳐질 때 훨씬 더 효과적으로 작용하므로, 극장에서의 영화 관람은 여전히 의미 있는 행위로 남게 된다.

이른바 예술영화를 지향하는 미학적 실천은 한국 단편영화에서는 매우 드물게 발견된다. 조재민의 〈징후〉(2012)와 나

영길의 〈호산나〉(2014)는 심오한 성찰을 담은 작품을 만들고 자 하는 감독의 의식적 시도가 분명히 감지되는 영화들이다. 그럼에도 자의식 과잉이라는 함정에 빠지지 않은 것은 물론 이고, 주제적 심오함과 미학적 실천이 잘 어우러진 대표적 사례다. 〈징후〉가 실제로 역사적 사건이 벌어졌던 장소를 시 적 이미지로 추상화시키고 비워내는 방식과 〈호산나〉가 현 실을 모방한 (혹은 과장한) 상상의 공간을 재현하고 그곳에서 판타지를 수행하는 방식을 비교해서 생각할 만하다.

〈징후〉는 2010년 11월 연평도 포격 사건이 있었던 직후, 연평도에서 벌어지는 일을 다룬다. 영화 초반부의 인상을 좌 우하는 것은 안개가 자욱이 낀 시골 마을의 풍경을 담은 그 림 같은 흑백 이미지, 이승복의 동상을 보여주는 이동 숏 그 리고 우리 안의 소들을 보여주는 수평트래킹 숏이다. 이러한 이미지는 각각 테오 앙겔로풀로스와 아피찻퐁 위라세타꾼과 벨러 터르의 전형적 이미지를 떠올리게 한다. 그럼에도 불구 하고 이것이 단순한 모방이 아니라 미학적 재생산처럼 보이 는 이유는 추상적 시공간을 제시한 후 그 공간에서 물질적 흔적들을 포착해나가는 이미지 구성이 그 자체로 시각적 힘 을 지니고 있으며, 또한 영화 전체의 주제를 시적으로 함축하기 때문이다.

　연평도 포격 사건은 역사성을 지닌 정치적 사건이다. 그러나 〈징후〉는 구체적 사건과 시공간만을 지시하는 영화가 아니다. 뿌연 안개와 사람이 텅 비어버린 무인의 풍경을 담아내는 숏들을 통해 연평도 포격 사건은 '어떤 마을에서의 어떤 사건'으로 비역사적인 탈구를 겪게 된다. 마을에 있는 사람, 동물, 자연의 움직임과 소리를 세밀하게 포착한 순수 시청각적 이미지는 어떤 시골 마을에 배어있던 오랜 기억을 환기한다. 녹슨 채 황폐하게 버려진 이승복의 동상부터 중금속이 검출되어 사용이 금지된 약수터, 과거 지뢰지대를 표기한 푯말, 그리고 무엇보다 지뢰를 밟아 절단되었을 것으로 추측되는 남자의 다리까지, 이 장소에는 오랜 전쟁의 기억이 깃든 물질적 흔적이 남아있다. 절단된 다리에 고통을 느끼고 악몽을 꾸곤 하는 남자는 사람들이 모두 대피하고 텅 빈 마을에서 한쪽 다리를 절룩거리며 유령처럼 떠돌아다닌다. 그런데 사실 그 누구보다 더 많은 두려움에 사로잡힌 사람이 바로 그 남자다. 우연히 군인들의 훈련 장소에 진입했다가 공포에 질린 남자는 반사적으로 폭력을 발산하고, 이후 자신이 오인했음을 알게 되자 세상으로부터 증발하듯 사라진다.

비움과 소멸의 이미지. 어째서 이곳에는 사람이 거주할 수 없는가? 〈징후〉의 추상적인 동시에 물질적인 이미지들은 단순히 연평도 사건 직후 사람들의 충격만이 아니라, 남북관계의 끊임없는 긴장과 수많은 사람들의 고통, 그 씻어지지 않는 전쟁 트라우마의 징후를 가시화한 것이다.

한편 〈호산나〉에도 황폐하기 그지없는 시골 마을을 떠돌아다니는 한 소년이 있다. '섭'이라고 불리는 소년. 싸늘해 보이는 날씨에도 불구하고 누더기 같은 티셔츠를 한 장 걸치고 축 처진 어깨로 터벅터벅 돌아다닌다. 아무런 생의 의지도 없어 보이는 흐리멍덩한 눈을 보면서 누군들 구원자를 떠올릴 것인가. 하지만 소년은 이 마을에서 마치 메시아와도 같은 존재로서 하루에도 몇 번이나 사람들을 죽음으로부터 구해내기 위해 애쓴다. 그런데 그의 노력이 세상을 구원하기 위한 고군분투로 보이지 않는 까닭은 그에게 어떤 목적도 의지도 없어 보이기 때문이다.

소년에게 세상 전부와도 같은 시골 마을은 시공간적으로 현실성이 없는 곳이다. 마을 외부를 상상할 수 있는 단서가 없다. 얼핏 현실을 모방한 것 같지만, 터무니없을 정도의 추악함만을 강조함으로써 묵시록적 파국의 분위기에 젖어있는 상상적 세계다. 영화의 미장센 구성과 촬영을 보면, 이 공간이 현실 세계와 상상적 세계의 경계에 위치함을 가시화하기 위해 모든 힘을 기울인 듯하다. 이곳에서 인간들, 특히 남성들의 육체에는 근원을 알 수 없는 추악한 욕망들과 죄악들이 깃들어 있다. 인간의 존엄도 생명의 가치도 바닥에 떨어져 있다. '섭'은 대체 왜 인간들을 되살려내야 하는지 스스로 알지 못한다. 생명을 붙잡고 있는 것이 죽음보다 더 잔혹해 보이는 상황에 놓인 엄마를 놓아주지 못하는 이유도 알 수 없다. 그저 자신에게 그럴 능력이 있으니 행할 뿐이다. 그러니 점점 더 피폐해지는 게 당연하다. 소년의 피로감은 곧 세계의 피로감과 겹친다. 세상에 구원할 만한 그 어떤 존엄도 가치도 없는데, 도대체 무엇을 구해야 한단 말인가. 구원이 희망이 아니라 절망인데도 말이다.

이런 물음들이 떠오른다. 죄로 가득 찬 것은 세상인가, 아니면 구원의 권능을 행하는 소년인가? 처참하기 그지없는 세계에도 과연 구원의 가치는 있는가? 〈호산나〉가 보여주는 과장으로 가득 찬 추악하고 피폐한 이미지는 피할 길 없는 불쾌감과 피로감을 전달한다. 이 세계에 비현실적 균열을 일으키고 판타지를 틈입시키는 것이 추악함의 과장인지 인간

을 구원하는 소년이라는 설정인지 알 수 없을 정도이다. 그
러나 이러한 과장이 현실과 상상의 경계에 대해 질문하게 만
드는 힘의 원천이며, 궁극적으로는 이른바 '추의 미학'으로
서 기능한다는 점을 부정하기는 어려울 것 같다.

〈징후〉와 〈호산나〉가 장편 예술영화의 형식을 차용하되
그것을 단편의 길이에 맞게 함축하려는 시도가 감지되는 영
화라면, 좀 더 근본적으로 단편영화만이 가능한 압축적 이
미지를 영화 구성의 원리로 삼는 작품도 있다. 이정진의 〈고
스트〉(2011)는 10분이라는 짧은 시간 동안 철거 및 재개발과
연쇄살인이라는 사회적 문제를 효과적으로 겹쳐놓는 영화
다. 도입부의 단속적인 몽타주들은 철거촌의 풍경을 효과적
으로 포착한다. 그곳에 숨어든 연쇄살인마는 세상의 그림자
이자 마치 유령과도 같은 존재다. 이 영화는 유령의 근원이
인간의 어두운 내면에 있는지, 혹은 쓸모없거나 쇠락한 것은
가차 없이 폐기하면서 그 가운데 희생되는 것에는 일말의 관
심도 기울이지 않는 사회에 있는지 질문한다. 단편영화가 산
문적 표현이 아닌 운문적 표현으로 구성될 때 어떤 힘을 가
질 수 있는지 보여주는 사례다.

정소영의 〈달이 기울면〉(2013)은 〈고스트〉와 마찬가지로

철거촌의 풍경을 포착한다. 그런데 이 영화에서 철거 중인 마을은 전체적인 상황 설정을 위한 용도로 사용될 뿐, 실질적으로 영화적 공간으로 기능하는 것은 주인공 '재아'의 집 내부 공간뿐이다. 공간의 기울어짐은 내러티브 전개의 방향성과 재아의 심리상태에 호응한다. 그 실질적인 원인은 주변 집들의 철거에 따른 지반침하 때문이다. 이 지반침하라는 설정은 재아의 내면과 과거 기억의 세계로 떠나는 여정을 촉발시키는 장치로도 기능한다. 재아는 집 내부의 오래된 지하공간에 내려가게 되는데, 그곳에는 깊이를 알 수 없는 거대한 구멍이 있다. 그것은 물리적 구멍임과 동시에 기억의 세계로 향하는 정신적 여정의 통로이기도 하다. 구멍 깊은 곳에서 재아는 자신의 트라우마의 근원과 조우한다. 이처럼 〈달이 기울면〉은 기억과 트라우마라는 정신적 문제를 영화적 공간 설정과 미장센 연출을 통해 물질적으로 가시화하는 이미지 구성 전략을 보여준다. 내러티브의 진행 단계에 따라 공포와 판타지라는 장르적 속성을 혼종시키는 전략도 이와 잘 호응한다. 이미지 구성력과 장르적 상상력이 무거운 주제와 만나 효과적으로 결합된 작품이라 하겠다.

마지막으로 언급할 사례는 단편영화라는 매체에 대해 자

기반영적으로 성찰함으로써 새로운 미학적 가능성을 개방하는 영화다. 이오은의 〈사월〉(2015)은 2014년 4월 세월호 침몰 사건에 대한 가장 빠른 예술적 반응이라 할 만하다. 형식적으로 3D 애니메이션 이미지와 실사 이미지가 혼합되어 있으며, 픽션과 다큐멘터리의 경계 어딘가에 놓인 채 성찰적 사유에 집중하는 에세이영화의 성격을 띤다. 이 작품에는 세월호 침몰이라는 충격적인 사건과 유가족들의 고통, 그 이루 말할 수 없는 거대한 고통을 타자인 내가 온전히 이해할 수 있느냐는 물음, 그 접촉 불가능성과 아무것도 할 수 없는 무능력, 그럼에도 불구하고 누군가는 무언가를 말해야 한다는 긴급한 요구(왜냐하면 그 당시 세월호에 대해 이야기하는 예술작품이 거의 없었으므로)에 대한 사유가 담겨있다.

감독은 프랑스에 거주하는 한국인이라는 '나'와 저 멀리 대한민국 땅에서 발생한 '타인의 고통' 사이의 어마어마한 물리적·심리적 거리를 표현하기 위해 자신의 이미지를 3D 애니메이션으로 만든 로봇 형상으로 추상화한다. 이처럼 추상화된 이미지는 이 영화의 '나'라는 존재가 실제 감독만이 아니라 타자의 고통에 대해 헤아리고자 노력하는 그 누구라도 될 수 있다는 확장 가능성을 내포한다(개별적 존재이자 보편적 존재로서의 '나'). 애니메이션 이미지는 비정규 뉴스로만 보도된 사고 영상(실사 영상)과 극명하게 대비되는데, 감독은 또한 이러한 이미지의 구성요소인 디지털 픽셀을 강조한다. 이미지를 구성하는 건 그저 픽셀일 뿐이다. 하지만 그것은 너무도 큰 힘을 가지고 있는데, 그럼에도 불구하고 응당 기록해야 할 것들을 기록하지 못했다. 〈사월〉에는 영화 혹은 애니메이션의 근본적 요소로서 이미지란 무엇인가에 대한 매체적 성찰이 담겨있으며, 그러한 성찰은 나와 이미지 사이의 거리, 나와 타자 사이의 거리에 대한 사유와 공명한다.

이처럼 예술로서의 단편영화, '단편 예술영화'는 일상에서 마주하는 개인적인 경험만이 아니라 더 넓은 차원의 역사적 인식과 사회적 문제의식에 대한 사유를 담지한다. 또한 영화의 매체성에 대해 성찰하고 자신이 하고자 하는 이야기에 적합한 단편영화로서의 미학적 형식은 무엇인지 고려한 끝에 도출하는 보기 드문 결과물들이다. 본문에서 언급한 사례 외에도 얼마든지 이에 준하는 훌륭한 작품들이 있을 것이다. 중요한 것은 이러한 단편 예술영화들이 지금보다 더 꾸준히 생산되고 지금보다 더 나은 비평적 평가를 받는 환경이 조성되는 일이다. 물론 예술영화를 지향하는 영화들이 단편영화의 주류가 되기는 어려울 것이다. 다만 이러한 미학적 실천들이 단편영화 주류적 흐름에까지 영향력을 발휘할 수 있다면, 한국 단편영화계는 미학적으로 더 풍요롭고 깊이 있는 영화들이 생산되는 장이 될 것이다.

2000년대 단편영화에서 여성 서사의 계보

김소희

김소희 영화평론가

――――

「영화의 신체―기계론」으로 2015년 《씨네21》 영화평론상 우수상을 수상하며 평론 활동을 시작했다. 페미니즘과 디지털 매체의 관계에 관한 논문을 썼다. 페미니즘, 독립영화, 영화 비평에 대해 강의했다.

――――

2000년대 단편영화의 여성 서사 계보 그리기와 그것의 곤란함

영화에서 '여성'을 분류하는 것은 늘 문제적이다. 일단 그 분류 기준 자체가 자의적이다. '여성'을 말함에 있어 중요한 것은 여성 감독인가, 여성 서사인가. 그렇다면 남성 감독의 여성 서사는? 혹은 여성 감독의 남성 서사는? 영화에 관한 논의에서 '여성'이 종종 분리되는 이유는 '영화'와 '여성 영화' 사이에 질적인 차이가 있기 때문이 아니라 양적인 불평등함 때문이다. '여성'을 분리할 때는 기본적으로 여성 영화인, 특히 여성 감독의 시선이 더 필요함을 전제한다. 여성의 영화를 지지하는 관객은 영화 속 여성 캐릭터나 여성 이미지가 심각하게 왜곡되어 온 것에 반대하며 여성의 시선에서 여성을 보여주거나 말할 것을 요구한다. 연출자의 입장과 관객

요구의 측면을 두루 고려할 때 영화 속에 드러난 형상으로도, 영화 바깥의 존재적 측면에서도 일단 '여성'은 필요하다.

단편영화에만 한정한다면 '여성'을 분리해야 하는 이유가 단지 양적인 불균형에서 오는 것은 아닐 수 있다. 학생 영화, 졸업 영화, 워크숍 영화 등 다양한 교육 환경을 통해 제작되는 저예산영화일수록 불균형은 줄어드는 양상을 보이기 때문이다. 그런데도 여기에서 '여성'을 분리해서 말해야 하는 이유는 굳어진 습관 같은 것일까. '여성'에 초점을 맞추기 전에 먼저 '단편영화'의 가치에 관해 생각해보자. 《빅이슈》가 기획한 한국단편영화배급사네트워크 대담에서 센트럴파크 홍성윤 대표는 '왜 단편영화가 중요한가'라는 질문에 단편영화는 '장편의 전 단계가 아닌 영상문화의 뿌리'라고 답했다.[●] 이를 참고해 '여성 단편영화'에 관해서 이렇게 말할 수 있다. '여성' 단편영화는 '단편영화'의 전 단계가 아니라 그 자체로 영상문화의 뿌리이자 줄기이자 잎이며 실험성이 꽃피는 장소라고 말이다.

'여성'을 범주화하는 일은 무엇을 '여성'의 대표자로 놓을

● 　김송희, 「한국단편영화배급사네트워크 대담」, 《빅이슈코리아》 217호.

것인지를 선택하는 문제이다. 이 과정은 대부분 기존 선입견을 강화하는 방향으로 작용한다. 사회가 인식하는 여성의 이미지에 부합하는 영화는 과잉 대표되고, 그 맥락에서 논할 수 없는 것들은 외면하거나 예외로 밀쳐놓으면서 '여성'의 범주는 일종의 한계처럼 인식된다. 이러한 상황 속에서 일부 여성 영화인들이 '여성'이라는 언급을 가능한 떼어내려고 하거나 언젠가는 떼어내어야 할 것으로 인식하는 것은 어쩌면 당연하다. '여성'이라는 범주에서 이야기되지 않거나 시도되지 않은 장르에 대한 추구와 주목 역시 이러한 불균형과 무관하지 않다.

나는 여성에게조차 외면받은 어떤 분야에 주목하고 싶다. 2000년대 초반부터 여성의 작품을 논함에 있어 중요한 개념은 '사적인 것'이다. 여성의 이야기는 사적이며 여성은 자신의 이야기만 한다는 식의 평가가 존재해왔다. '여성'과 '사적인 것'을 함께 논하게 된 이유는 매체 전환기를 맞아 기기의 대중화가 시작되었고, 영화가 될 수 없거나 될 필요가 없다고 인식된 개인적인 것들이 수면 위로 올라왔기 때문이다. 이러한 변화의 흐름에 여성 작가들이 중요한 역할을 했다. 좀 더 거슬러 가면 사적인 것을 긍정적으로 인식하는 데 영향을 미친 것은 샹탈 애커만의 〈잔느 딜망〉(1975)을 비롯한 70년대 실험영화들이다. 〈잔느 딜망〉은 주인공의 가사 노동 장면을 롱테이크 고정숏을 통해 반복해서 보여준다. 그것은 이제까지 재현의 대상이 되리라 기대되지 않던 것이었다. 감독의 단편 〈방〉(1972)에서 집안 내부에서 일정한 위치에 놓인 카메라는 360도로 패닝하며 시선에 걸리는 사물의 일부분만을 보여준다. 카메라에는 침대에 비스듬히 누워 무언가를 수행하는 여자(샹탈 애커만)가 등장하는데, 정지된 사물들 사이로 카메라와 사람이 서로에게 반응하는 것처럼 보인다. 이러한 시선이 오늘날 사람의 움직임을 인식하는 홈캠을 연상시킨다고 말한다면 과장일까. 내가 아는 한 여성들의 사적 실험에서 내용만큼 고려되어야 할 것은 형식이다. 그러나 사적인 것으로 '치부된' 내용과 이에 대한 거부 속에 여성과 사적인 것은 불화해야 했다.

'여성' 필자로서 '여성'을 말하는 자리에 종종 놓이면서 고민되는 부분은 여성을 한계로 인식하는 시선과 싸우는 방법에 관해서다. 내가 할 수 있는 일은 가장 폄훼되고 있는 가치를 들여다보는 것이며, 그것은 여전히 사적인 것의 언저리를 맴돈다. 여성 영화의 가치나 의미를 '남성적'인 것의 반작용으로만 묶어두지 않는 것도 중요하다. 여성 감독의, 여성 서사의, 나아가 '여성적'인 것의 가치는 무언가에 대한 반작용이 아니라 그 자체로 온전한 것이다. 여성 영화의 계보를 그리려는 시도는 '여성'에 대한 일반적인 상을 보여주기보다 (당연하게도) 필자의 선입견과 불완전한 리스트를 노출하는 일이다. 후술하는 내용에서 감지되는 한계 역시 여성 영화의 한계가 아닌, 필자의 한계다.

생성들 주름들

여성적 가치에 대한 긍정은 여성의 몸을 긍정하는 것에서 출발할 수밖에 없다. '여성'의 몸은 '여성'임을 드러내는 가장 즉각적인 대상이다. 몇몇 신체 기관의 부분들을 제외하고 여성임을 증명할 다른 수단이 있는가에 의문을 갖게 된다. 여성의 신체에 대한 영화 대부분은 신체를 중심으로 구분된 여성성과 남성성의 경계 자체에 의문의 시선을 보내는 것에서 출발한다. 이를테면 몸에 난 '털' 같은 것이다. 남성의 털은 자연스러운 것으로 받아들여지지만, 여성의 털은 아주 작은 것도 숨기고 가려야 한다. 정지혜 감독의 〈면도〉(2017)는 타인에게서 비롯된 여성의 털에 대한 강박을 보여준다. 김 과장이 소개팅에서 만난 여성의 인중이 거뭇거뭇했다는 내용의 잡담 중이다. 그러다가 무례하게도 후배 사원 민희(한혜지)의 인중을 자세히 들여다본다. 그날 저녁 민희는 전 남자친구 강식을 만나기 전 면도칼로 인중을 정리하다 인중에 상처를 내고 만다. 민희의 인중 털은 카메라 너머 관객에게는 보이지 않는다. 굳이 보여주지 않아도 된다고 판단했을 수도 있고, 인중 털은 실재하지 않았음을 보여주기 위한 것일 수 있다. 혹은 영화 내부는 물론 영화 바깥에서도 여성의 털은 보이지 않아야 함을 반영한 것일 수 있다. 상처는 보여도 털은 보이지 않으며 그래야만 한다. 민희는 코 밑의 상처를 궁금해하는 김 과장에게 '면도하다가요'라고 말한다. 영화의 초점은 '인중에 털이 나는 것은 자연스럽다'라거나 여성의 면도의 자연스러움을 보여주는 데 있기보다는 여성의 털에 대한 남성의 시선과 이에 대한 대항으로 '여성의 면도를 선언하는 것'에 있다. 여성의 털을 긍정하지 않고 선언의 통쾌함만을 취하는 전략은 어딘가 미심쩍다. 민희가 면도를 한 이유가 '김 과장'이 아니라 전 남자친구 강식 때문이라는 사실에 그나마 안도해야 하는 것일까.

털에 대한 긍정과 직접적 묘사는 판타지에 의한 과장법 아래에서 가능해진다. 정다히, 권영서 감독의 애니메이션 〈겨털소녀 김붕어〉(2017)는 소녀의 겨드랑이에 돋아나는 털을 과장법으로 묘사한다. 또래보다 수영에 두각을 보이는 소녀 김붕어는 수영을 마치고 옷을 갈아입던 중 자신의 겨드랑이에서 짧은 털들이 돋아나온 것을 본다. 털은 어느덧 한 손 가득 들어오는 두툼한 머리카락처럼 자라난다. 붕어는 큰마음을 먹고 가위를 잡아든다. 그런데 겨드랑이 털이 제멋대로 움직이며 가위를 요리조리 피하기 시작한다. 겨드랑이 털을 하나의 캐릭터로 만들어 털을 자르는 것의 어려움을 유머러스하게 표현한다. 감추고 싶던 콤플렉스였던 털은 수영장에 빠져 허우적대는 소년을 구하려 공중에 뜬 순간 양쪽 날개처럼 옆으로 펼쳐지며 힘찬 도약대가 된다. 겨드랑이 털에 대한 긍정이 향한 곳은 기존의 남성성, 여성성의 전복이다. 남자친구를 구하는 붕어는 백마 탄 왕자의 구원을 기다리지 않고 주체적으로 행동하는 여성이 된다. '겨드랑이 털'의 가시화는 붕어로 하여금 그간 남성, 여성 재현 틀을 뒤집어 여성이 남성의 역할을 수행하도록 이끈다. 그렇다면 이것은 '털'

의 강력한 작용을 보여주는 텍스트인 것일까.

　출산 직후 여성의 몸은 때때로 통제 불가능해진다. 가슴에서 모유가 저절로 흘러나오는 수유기에는 더욱 그렇다. 김도영 감독의 〈자유연기〉(2018)는 여성의 몸에서 젖이 나오는 순간을 극적으로 포착한다. 배우 지연(강말금)은 임신 이후 경력이 단절된 직업 배우다. 장 보러 다녀오는 길에 마주한 연극 홍보 포스터에서 동료 배우가 주연을 맡았음을 알고 부러워한다. 어느 날 유명 감독으로부터 오디션 제안을 받은 지연은 조연출 앞에서 오디션을 본다. 지연은 자신에게 별로 관심을 보이지 않는 연출부 앞에서 지정된 연기를 선보인 뒤, 준비해간 아코디언을 연주한다. 이때 지연의 한쪽 가슴에서 젖이 불거지며 노란 티셔츠 한쪽이 안에서부터 젖어 들기 시작한다. 그것은 아이를 찾는 몸의 신호이자, 엄마를 찾는 아이의 신호이며, 오디션을 향해 불거진 지연의 간절한 마음의 발현이자 유일한 관객인 몸의 반응이다. 여성에게 아이와 일을 선택의 문제로 배당하는 시선에 맞서 지연의 가슴은 그 둘 사이에 선택 불가능한 동시성을 보여준다. 이런 동시성의 목록은 얼마든지 이어질 수 있다.

　배꽃나래 감독의 다큐멘터리 〈누구는 알고 누구는 모르

는〉(2019)은 한글을 배우는 감독의 할머니를 비롯해 한글학교에 다니는 노년 여성들의 이야기다. 영화는 글자를 모르던 할머니들이 한글을 깨우치는 '배움'에 초점을 맞추지 않고, 글자 이전에 존재했던 여성들의 비밀스러운 문자를 드러내기에 이른다. 여성들은 서로의 몸에 작은 점을 나눠 갖는 형식으로 글을 새겼다. 여성이 몸으로 글을 쓴다면 이 영화는 그것을 지금까지 드러나거나 말하지 않았던 방식으로 증명한다.

어떤 연대기

'여성 서사'라고 말할 때, '서사'의 범주는 가족, 성장, 노동 등으로 구획되는 경향을 보이곤 한다. 이들 범주에서 공통되는 이야기는 바로 '연대'이다. 여성들은 자신이 마주한 불합리함을 대를 이어 올라가며 성찰하고, 나란히 선 사람들과 손잡는다. 여기에서 더 나아가 여성은 보이지 않는 것과도 손잡는다. 여성의 공간은 '집'으로 정의되곤 하지만, 가부장제 아래에서 여성은 집을 소유하지 못했다. 조윤경 감독의 〈가족 프로젝트―아버지의 집〉(2001)에서 가장 강렬하게 각인되는 순간은 감독이 자신의 어머니가 길가를 배회하는 모습을 찍은 숏이다. 어머니의 몸짓은 머물 수도 떠날 수도 없이 방황과 회귀를 반복한 여성들의 요동치는 제자리걸음을 요약하는 데가 있다. 김숙현 감독의 〈죽은 개를 찾아서〉(2010)는 할머니가 키우던 중 실종된 개의 행방을 찾는 재기발랄한 형식 뒤로 가부장제 내에서 여성의 삭제를 날카롭게 질문한다. 남성들이 대를 이어 족적을 남기는 사이 여성들은 어디에 존재하며 어떻게 사라지는가.

조금 더 긍정적이 되기 위해서는 다시 아이의 시선을 빌려야 한다. 윤가은 감독의 〈콩나물〉(2013)은 아이의 낮은 시선을 통해 여성의 시선을 하나의 가능성으로 보여준다. 영화가 시작되면 어른들 사이에서 한참 키 작은 소녀 보리(김수안)가 어른들이 하는 양을 이해하기 위해서 바쁘게 눈을 굴리는 모습이 보인다. 보리의 눈빛은 누군가의 눈치를 봐야 했던 작은 사람들의 어떤 순간을 요약한다. 할아버지의 제삿날 여성 어른들이 모여 상차림 문제를 분주하게 이야기하다가 깜빡하고 제사상에 올릴 콩나물을 사지 않았다는 것을 발견한다. 마침내 소녀는 자신이 거기에 있어야 할 이유를 찾은 듯 콩나물을 사 오겠다며 눈을 빛낸다. 그 얼굴은 자신이 눈에 들기 위해 노력해야 했던 순간을 거친 모든 이들의 얼굴을 함축하는 데가 있다. 보리의 시선에서 콩나물 사러 가는 길은 중단과 우회를 반복하는 너무나 멀고 스펙터클한 길이며 다양한 만남이 도사린다. 그중에서도 죽은 할아버지처럼 보이는 노인과의 짧은 교감을 통해 어른들은 볼 수 없는 것을 보는 작은 시선의 가능성을 보여준다.

여자 고등학생을 주인공으로 다룰 때는 주로 이들의 성적으로 인한 경쟁과 질투 등의 이야기에 초점을 맞춘 것이 대부분이다. 박지완 감독의 〈여고생이다〉(2008)는 별다른 중심 사건 없이 용감하게 여고생 이야기를 다룬다. 영화를 다 본 뒤에 남는 것은 함께 어딘가로 향해가는 여고생의 느릿하고 몽롱한 걸음과 또렷하게 들려오는 이들의 노랫소리다. 이들의 노랫말은 세상에 대한 반항이나 스트레스에 대한 외침 대신 '여고생이다'라는 평화로운 읊조림이다. 이들의 삶은 어떤 사건이나 목적 때문이 아니라 그것으로 충분하며 충만하다. 이들은 학교와 학원, 독서실을 오가며 공부하는 학생들이기를 그치고 함께 몰려다니며 자신만의 밤거리를 창조한다. 나와 너, 과거의 당신과 미래의 당신을 초대하는 여고생이다.

이경미 감독의 〈잘돼가? 무엇이든〉(2004)은 경력 신입 지영(최희진)과 한 회사에 오래 근무한 희진(서영주)의 관계를 그린다. 근무복을 입은 두 사람은 마치 교복을 입은 것처럼 보인다. 서로에 대한 감정이 좋지 않은 둘은 사장의 비밀 업무 수행을 위해 매일 밤 야근을 하게 된다. 두 사람은 너무나 다른 사람이며 서로 친해지는 것이 더 이상해 보이지만, 둘이 함께할 수밖에 없는 건 각자 외로운 사람들이기 때문이다. 어떤 말로도 잡히지 않는 두 사람의 관계 속에는 우리가 지나온 다양한 관계들이 압축되어 저장된다.

발화하는 모자이크

2010년대 후반은 여성을 둘러싼 많은 사회적 사건들이 부각된 시기다. 문화예술계 내 성폭력 해시태그 운동, 미투 운동 등 SNS를 중심으로 성폭력 사건이 공론화되면서 수업, 학과, 학교 내부의 일은 예술계, 문화계, 사회 전반으로 번졌다. 이러한 현실을 반영한 리얼리즘 영화들이 제작되었다. 영화가 보여주는 것은 사건의 재구성이 아니라 사건 이후의 어떤 순간이다. 곽은미 감독의 〈대자보〉(2017)는 교수를 폭로하는 내용의 대자보를 썼다가 교수에게 고소당한 혜리(윤혜리)가 동아리 친구 민영(이민영)에게 이 사실을 알리기까지를 실시간의 체험으로 보여준다. 민영이 동아리 신입생을 상대하며 동아리에 관해 설명하는 사이, 혜리는 말을 꺼낼 순간을 기다리며 초조해한다. 영화는 말하기까지의 짧은 순간을 길게 늘이면서 혜리의 심리로 관객을 초대한다. 이로 인해 이후에 펼쳐지는 혜리와 민영이 손잡는 순간의 감흥은 극대화된다.

허지은, 이경호 감독의 〈신기록〉(2018)은 경찰 공무원 시험을 앞둔 소진(이태경)이 어떤 사건에 연루되는 과정을 담는다. 소진은 체력 테스트를 대비해 방문하던 운동장에서 어떤 여자를 매일 마주친다. 여자가 하는 운동은 오직 오래 매달리기다. 철봉에 매달린 손은 머지 않아 아파트 난간을 끈질기게 붙든 손으로 이동한다. 이것은 누군가를 관찰하고 상황을 신속하게 파악해야 할 미래의 경찰을 위한 비공식 테스트일까. 모르는 사람이 당한 폭행 피해에 우리는 어떻게 연루되는가. 이를 보여주기 위해 단편영화는 특정 공간과 동작에 집중한다.

연대를 그리는 방식은 분열적인 형식 속에서 드러난다. 장서진 감독의 다큐멘터리 〈바뀌지 않을 것이다〉(2018)는 감독이 가깝게 겪게 된 사건들을 네 가지 범주로 보여준다. 네 개로 구획된 이야기는 그 자체로 SNS의 분절과 연결의 생리를 반영한다. 예술대학교 내의 집합 문화, 세월호 사건과 유가족 혐오, 강남역 살인사건, 성범죄 공론화에 의한 명예훼손 등 개별적인 것처럼 보이는 사건의 조각들은 '이 사회에서 자신이 소수자임을 인식하는 일'로 연결된다. 네 편의 이야기는 가해자 혹은 대중의 피해자에 대한 혐오를 드러내는 것이 목적이기보다는 피해자 당사자의 자기검열과 규제로 향하는 통로들을 인식하면서 어떤 방식으로 그것이 영속화되는지를 폭로한다.

강유가람 감독의 인터뷰 다큐멘터리 〈시국페미〉(2017)는 박근혜 정권 퇴진 운동에서 마주한 다양한 혐오 발언에 대한 인물들의 모순된 감정을 꺼내놓는다. 박근혜 정권의 국정농단 사태로 들고 일어난 퇴진 시위에서 이들은 박근혜의 '여성성'에 초점을 맞춰 여성 혐오 발언들이 아무렇지 않게 용인되는 것에 절망한다. 이들은 박근혜를 반대하지만, 그 이유가 '여성 대통령'이기 때문은 아니며 그의 실패가 '여성'

의 실패가 아니라는 것도 강조해야만 했다. 때로 여성들은 '학생들이 기특하다'는 평가를 받거나, 성추행의 위협에 시달린다. 우리는 '대'를 위한 '소'의 희생이라는 말로 변화를 유예해왔다. 이들의 목소리는 동심원의 파동처럼 퍼져나가 광장에서 주요하게 고려할 의제로 여성 혐오 문제를 끌어올린다.

감정의 페이드아웃

이은경, 이희선 감독의 〈서틀런〉(2017)은 여성에 대한 동경과 사랑이 혼재된 시기로 열세 살 무렵 소녀 벼리의 시간을 들여다본다. 벼리는 학교 체육 교사인 홍이를 짝사랑한다. 영화 속에서 생생하게 포착된 사랑의 감정은 또래보다 무언가를 더 잘하고 싶은 마음이나 어린 나이에 품게 되는 성인 여성에 대한 동경처럼 안전하고 막연한 것으로 해설될 여지가 있다. 그러나 벼리의 올곧게 흔들리는 얼굴 클로즈업 숏은 그 감정이 안전한 것만은 아님을 분명히 증명한다.

　스크린을 통해 재현된 여성의 신체 이미지와 관련해 중요한 논의는 여성 신체에 대한 단일한 방식의 대상화다. '남성의 시선'으로 정의된 관음증적 시선은 여성의 신체를 신비화하는 방식으로 대상화한다. 그것은 여성이 여성을 볼 때에 느끼는 모순적인 찢김과는 분명히 차이를 보인다. 여성의 시선은 여성의 신체를 관음증적인 욕망으로 치환해 보여주지는 않을 거라고 기대된다는 측면에서 박채원 감독의 〈그녀의 욕조.〉(2018)는 당황스러운 작품이다. 이 영화는 부모님이 운영하는 목욕탕을 방문한 한 여성 손님에 대한 여성 청소년의 호기심을 보여주는데, 이 과정에서 여성의 벗은 몸을 관음증적으로 훑는 시선이 등장한다. 그것은 여성 청소년의 시선으로 설정되어 있을 뿐, 이것을 보여주는 형식은 익숙한 이성애자 남성의 시선을 답습한다. 이를 퀴어 코드로 해석한다면 이에 대한 판단은 더욱 모호해진다. 주디스 버틀러는 동성애가 이성애의 맥락을 반복하더라도 그것은 결코 이성애를 모방한 흔적이 아니라 이성애 역시 패러디일 뿐임을 폭로하는 것으로 내다보았다.[o] 반면 〈그녀의 욕조.〉는 성애의 재현이기보다는 여성 신체에 대한 관음증적 호기심 구도의 반복이

---

[o] 『젠더 트러블』.

다. 〈그녀의 욕조.〉는 오직 여성은 여성의 신체를 관음하지 않는다는 통념을 파괴한다는 측면에서만 의미 있는 결과물이다.

전고운 감독의 〈내게 사랑은 너무 써〉(2008)는 불편한 상황에 대한 직접적인 묘사로 논란을 일으킨 문제작이다. 치과 치료를 핑계로 학교를 조퇴한 목련(강진아)은 남자친구 병희의 좁은 고시원 방에서 첫 섹스를 시도하지만, 아프기만 하다. 병희가 간식을 사러 간 사이 귀에 이어폰을 꽂고 문제집을 풀고 있던 목련 앞에 옆방 남자가 들이닥친다. 영화는 미성년자에 대한 성폭행 장면을 회피하지 않고 들여다본다. 이는 분명 불편하다. 그러나 중요한 것은 그다음이다. 영화는 사건 직후 인물이 겪는 혼란과 트라우마를 진부하게 묘사하는 대신에 목련이 성폭행을 당하던 좁은 고시원 방에서 목련의 방으로 점프한다. 그곳은 목련과 여동생, 아픈 할머니와 어머니가 모인 좁은 방이다. 그곳에서 목련은 과일을 가져다주는 어머니를 뒤로하고 꿋꿋하게 문제집을 푼다. 이것이 성폭력 피해 직후 여성의 시간을 보여주는 가장 영화적인 방식이자, 가장 진실에 가까운 묘사일 것이다.

사랑의 포착만큼이나 중요한 것은 헤어진 이후에 대한 주목이다. 이소정, 배꽃나래 감독의 다큐멘터리 〈트러스트폴〉 (2016)은 거의 불가능한 영화처럼 보이는데, 이것은 헤어진 연인의 특별한 협업이기 때문이다. 두 사람은 번갈아 가며 자신의 상태에 관한 내레이션을 들려주는데 그것은 누군가에게 하는 말이자, 완전한 독백처럼 들린다. 두 사람의 목소리와 몸짓은 교차하지만 내내 평행하게 배치되어 만날 수 없다. 다큐멘터리의 탄생 자체는 관계의 이어짐을 증명하는데, 이미지와 사운드가 드러내는 것은 평행선을 그리며 만날 수 없는 관계의 끝이다. 영화를 보는 관객의 모순은 곧 헤어진 사람들의 모순이다. 이것은 모순으로의 초대다.

박효진 감독의 다큐멘터리 〈My Sweet Record〉(2002)는 짝사랑했던 선배를 인터뷰하는 다큐멘터리다. 다큐멘터리를 찍기 위해 지난 감정을 들여다보는 작업이자, 다큐멘터리를 찍는다는 핑계로 뒤늦은 고백을 하는 것처럼도 보인다. 카메라는 내내 인터뷰이가 된 남성 선배의 얼굴만을 뚫어지게 바라본다. 영화 속에서 여성이 등장하지 않기에 이 영화에 대한 언급은 여성이 등장하는 여성 감독의 영화에 한정한다는 이 글의 전제를 부정하는 것이다. 그러나 영화를 보는 동안 관객은 얼굴을 알지 못하는 누군가의 내면에 들어가 그의 감정을 텍스트로 느끼며 그의 비전을 고스란히 공유하게 된다. 사랑이 끝난 이후지만, 화면 속에는 누군가를 사랑하는 고백의 설렘이 담긴다. 영화에서 우리가 목격하는 것은 누군가를 사랑했던 충만한 시간에 대한 닿을 수 없는 상념이다. 그것은 되찾은 것이자 상실된 것이며, 상실된 것으로만 되찾을 수 있는 시간이다. 그리고 그것이 곧 영화의 시간이다.

쇼트필름메이커스

단편영화 주 생산지인 대학 영화과와 학생들의 변화

최익환

최익환 숭실대학교 영화예술전공 교수, 영화감독

————

2015년 〈여고괴담4―목소리〉로 데뷔했다. 2013년부터 한국영화아카데미에서 가르쳤고,
2011년부터 2014년까지 원장직을 수행했다. 이후 현재까지 숭실대학교에서 영화과를 설
립해 다양한 학생들과 만나고 있다.

————

영화과 학생

"감독님, 뭐해? 밥이나 먹자."

수화기 저편의 그가 서울에 올라왔다는 증거였다.

"애는 어쩌고 혼자 왔어요?"

"이제 축구 그만두기로 했어."

"아니 왜요? 제주 유나이티드에서 유소년이면 이제 미래가 보장된 거 아닌가?"

"공격수가 골에 대한 욕심이 없다는 건 치명적인 재능 부재야. 애가 그걸 깨달은 거지. 이제 대학 가서 스포츠 매니지먼트 하고 싶대."

황 팀장의 첫째 아이는 초등학교 때부터 축구를 하고 있었던 터라, 그를 통해 사카맘, 사카대디로 사는 삶에 대해서는 익히 들어왔다. 선수 부모가 돈을 내서 축구 코치도 고용해야 했고, 팀 버스 구입과 운영도, 경기마다 쫓아다니며 아낌없이 응원할 체력도 갖추어야 했다. 거의 10년을 그리 살아왔는데, 그 삶을 이제 접어야 하는 것이다. 시원섭섭하다는 황 팀장 너머, 어깨를 둥글게 말고 시선을 떨구고 있을 그의 아들이 그려졌다. 문득, 그런 모습이 낯설지 않았다. 영화과 선생을 하다 보면 입학해 4년 넘게 애를 썼지만, 영화가 내 길이 아님을 직감하는 학생들을 자주 마주한다. 충분히 노력했다고 하면, 그가 가야 할 길이 반드시 영화일 필요는 없다고 조언한다. 그렇게 중도 하차하는 선수들을 돌보고 방향을 같이 고민한다. 학생들의 숨어있는 재능을 찾아주는 것도 코치의 일이지만, 동시에 '작은 재능은 저주다'라는 말을 가슴에 새기고 그들이 저주에 걸리지 않도록 돕는 것도 코치의 임무다. 하지만 누가 누구를 판단하랴. 판단은 길을 걷는 사람의 몫이고, 코치는 단순히 그들이 지금 어떤 스피드로 어디쯤 걷고 있는지를 알려줄 뿐이다. 이 글은 단편영화 주요 생산자인 영화과 학생들에 대한 보고서이며, 동시에 소비자의 변화가 어떻게 생산자를 변화시켰는지 살펴보는 영화과 코치의 주관적인 글임을 밝힌다.

환경이 변해, 많은 플랫폼에서 다양한 영화를 제작하고 있지만, 그럼에도 불구하고 많은 단편영화가 생산되는 곳은 단연코 대학 영화과다. 요즘 단편영화를 상업 장편의 상대적 개념으로, 숏폼과 동일한 형태로 인식하기도 하지만, 영화과 코치의 입장에서는 학생들이 만드는 단편영화는 숏폼과는 다르다. 단편영화는 프리미어리그만 보던 아마추어가 처음 필드에서 뛰게 되는 축구 게임에 가깝달까. 그들의 욕망은 확실하다. 자기가 잘할 수 있는 세부 역할을 찾아 스스로 목소리를 낼 수 있는 능력을 갖추는 것. 배우, 감독, 촬영감독 등으로 자리매김할 수 있길 바라는 것이다. 단편은 그래서 과정 영화에 가깝다. 물론 그들은 매번 마지막 작품일 수 있다는 각오로 임한다. 영화를 만들면서 느꼈던 내적 만족과 외적 평가가 다음 작품의 진입 여부를 결정한다. 이들의 첫 관객은 누구인가? 고등학교 축구 경기를 관람해 본 사람은 알겠지만, 청룡기 대회 등 일부 대회를 제외하곤 카메라도 일반 관중도 없다. 썰렁한 관객석. 하지만 그들의 경기를 집요하게 쫓고 분석하는 이들이 있다. 동료, 코치 그리고 부모다. 이들은 첫 관객으로 선수들 세부를 평가하고 조언한다. 단편영화 역시 마찬가지다. 첫 관객은 동료와 코치들이다. 영화과산^産 단편영화는 바로 CGV나 넷플릭스나 왓챠에서 상영되는 영화가 아니다. 영화의 신선도, 완성도 그리고 운이 합세해 영화제에서 상영할 수 있는 기회를 얻게 되면, 간신히 일반 관객을 만난다. 일반 관객이라 하지만, 영화제에서 단편영화 섹션을 찾는 관객은 어쩌면 영화인들보다 더 촘촘한 잣대를 들이댈지 모른다. 여기서 딜레마가 생긴다. 처음 영화를 만드는 이는 아마추어인데, 그 영화를 볼 사람들은 전문가의 시선을 갖고 있다는 것. 시작하자마자 프로가 되어야 한다는 압박이 영화 만드는 학생들이 마주한 현실이다. 그나마 이것도 기회를 갖게 되는 학생들의 스트레스이고, 기회조차 갖지 못하는 친구들의 절망감은 더욱 크다. 나무가 크면 그림자도 긴 법이지. 대회에 나가 벤치에만 앉아 있게 되었을 때, 팀이 이겨도, 팀이 져도 패배감은 이루 말할 수 없다. 이런 영화과 학생들의 내재적 스트레스는 뒤로하고, 그 스트레스가 어떻게 변화하고 있나 살펴보자.

한국영화아카데미 장편과정

2006년 한국영화아카데미에서 강사를 하던 나는 당시 원장이었던 박기용 감독님께 호출됐다. "이제 학교에서 장편영화를 만들 거야. 정규과정을 졸업한 학생들을 대상으로 한 장편제작연구과정. 여기에 힘을 보태라." '영화학교에서 장편을 만든다. 음….' 나 역시 서른 중반이 넘어서 장편 데뷔를 한 터라 영화를 시작한 지 오래되지 않은 학생들이 장편을 완성할 수 있을지에 대해 반신반의했다. 그러나 박기용 원장님은 실행에 옮겼고, 예상을 뛰어넘는 성과를 올렸다. 제작된 영화들은 베를린국제영화제 포럼 부분에 초청을 받고 또 국내 평단의 지지도 얻었다. 매년 전체 개봉 영화의 반 정도가 신인 감독들에 의해 제작되던 당시 대한민국 영화계로서는 크게 놀라울 것이 없는 일이었지만 나중에 저예산 독립영화 업계의 지형도를 바꾸는 데는 충분한 사건이었다.

2014년 봄날, 엘리베이터 없는 홍대 영화아카데미 5층 사무실에 웬 외국인 할아버지가 숨을 헐떡이며 계단을 올라왔다. 미리 연락도 없이 불쑥 찾아온 이 후덕한 노신사는 영국 NFTS^{National Film & Television School}의 교장 닉 파웰^{Nik Powell}이었다. 한국에 음악 관련 세미나에 참석했다가 한국영화아카데미에 들렀다고 한다. 나중에 알게 된 사실이지만 닉 파웰은 비틀즈의 첫 음반을 발매했고, 버진 레코드의 창립자이자 닉 조던의 〈크라잉 게임〉을 비롯한 여러 영화의 제작자이기도 했다. 닉의 고민은 NFTS에 장편과정을 도입하려 하는데, 그게 쉽지 않아 영화아카데미에 조언을 구하러 온 것이었다. 40분짜리 영화를 먼저 시도했는데 그게 쉽지 않다는 것이다. 국가별 영화 제작 시스템이 있어 영화아카데미의 시스템이 그대로 적용될 수는 없었지만, 장편을 제작하는 게 학교의 방향이라는 것에 대해서는 동의했다. 한국영화아카데미와 공동워크숍을 진행하던 프랑스 국립영화학교 페미스의 마르크 니콜라스^{Marc Nicolas} 원장과도 비슷한 논의를 했다. 한국의 영화아카데미 장편과정에 자극받은 페미스도 장편을 시도하려고 하는데 쉽지 않다는 것이었다. 예산의 문제라기보다는 제한된 시간 안에 적절한 완성도를 지닌 영화를 제작함과 동시에 학교라는 기능을 어떻게 연결하느냐가 이들의 고민이었다. 이렇듯 한국영화아카데미의 장편과정은 국내뿐아니라 세계의 영화학교들까지 장편으로의 시프트를 고려하게 할 만큼 영향을 미쳤다.

제작연구과정 5기의 작품 〈짐승의 끝〉과 〈파수꾼〉이 영화계를 넘어서 비영화인들까지 찾아보는 영화가 되고 〈잉투기〉, 〈소셜포비아〉, 〈성실한 나라의 앨리스〉 등이 CGV아트하우스와 100여 개가 넘는 스크린에서 상영되기 시작하자 변화가 나타났다. 영화제 프로그래머들의 관심이 높아졌고, 단편을 만들다 영화 현장으로 직행했던 학생들이 제작연구과정에 지원하는 경우가 많아졌다. 무엇보다 배우들의 수급이 좋아졌다. 영화의 외부 노출이 많아지니, 배우들이 먼저 호기롭게 찾아왔다. 영화를 상영하는 날, 관객석은 더 이상 동기와 지인들로 채워지지 않았다. 영화 제작자들, 투자사 기획팀 등 신인들과 일을 도모해 보려고 하는 이들이 자리를 함께했다. 다른 학교에서도 독립 장편영화를 제작하기 시작했다. 영화제와 영상위원회, 국가인권위원회와 같은 비영화 단체들의 독립영화들도 '다양성 영화'의 긍정적 이미지와 함께 좀 더 큰 규모의 극장상영으로 이어졌다.

소비자 변화

이런 외적 팽창이 내부적으로는 생각지 못한 변화들을 야기시켰다. 비교적 큰 규모로 개봉하는 소수의 다양성 영화가 다수의 노출 기회를 빼앗았다는 목소리가 흘러나왔다. 이는 결국 다양성 영화의 정신을 없앨 것이라는 경고도 뒤따랐다. 독립영화를 제작하는 개인과 단체들, 영화제, 영상위원회 등이 새로운 경쟁 관계에 들어가게 된 것이다. 물론 만드는 사람들의 영역이 다르기에 실제 큰 문제는 없었지만 작은 파이의 독립영화 신에서 어쨌든 경쟁해야 하는 것은 불편할 수밖에 없었다. 이는 단편영화계 역시 출렁이게 만들었다. 영화과 코치의 주관적인 판단으로 학생들은 예술성이 강한 측과 상업성이 강한 측으로 나뉜다. 기술했지만 단편영화의 첫 번째 돌파구가 영화제가 되기에 주로 비상업적 단편이 주를 이룬다. (이런 흐름 반대편에서 균형을 맞춘 건 장르 단편을 조명하는 미장센 단편영화제였다.) 그런데 전반적인 관객이 늘어나면서, 제작자들과 투자사들이 이제는 독립 장편을 넘어, 단편영화를 보기 시작하자 이들에게도 변화가 일었다. 사적이고 예술적인 단편영화보다는 장르적이고 상업적인 단편이 늘어났다. 단적으로, '나는 이런이런 것을 할 수 있는 사람이다' 식의 명함용 영화가 많아졌다. 과거에도 있기는 했지만, 조감독 생활 없이 단편영화에서 바로 데뷔하는 이들이 늘어나자 단편영화를 만드는 이들의 마음도 급해졌달까. 선배들과 동료들이 보는 영화에서 제작사, 투자사가 보는 영화로의 변화. 영화를 관람하는 사람들의 변화가 영화를 만드는 사람들의 태도를 바꿨다.

최근 몇 년간 독립영화 시장은 급속히 줄었다. CGV아트하우스가 더 이상 투자를 진행하지 않는다고 하고, 눈에 띄는 독립영화는 많았지만, 그것이 산업의 구조를 재고할 만큼의 영향력은 발휘하지 못했다. 통계에 따라 다르지만 5~7만 명 정도의 고정 독립영화 관객만으로는 독립영화도 영화인도 유지하기가 쉽지 않은 모양이다. 거기에 코로나19까지…. 예산이 늘어난 영진위는 아이러니하게도 올해 영화발전기금이 종료된다. 생각해보면, 상황이 안 좋아진 게 아니라, 원래 안 좋았는데, 잠시 좋았다가 다시 원위치를 찾아온 듯하다. 우리가 하는 경기에는 늘 관중이 없었다. 잠시 주목받았을 때 관중으로 참여하던 사람들이 다시 안 찾아오는 것뿐이지 않은가.

영화과의 현실과 숙제

다시 영화과로 돌아와보자. 학교마다 다르지만, 숭실대의 경우, 1인당 연간 980만 원의 등록금을 낸다. 매년 연기 16명, 제작 22명 총 38명이 입학한다. 그리고 4학년까지 약 152명. 등록금으로 약 15억 원이 걷힌다. 장학금, 학교 행정운영비, 교강사 월급, 시설 사용료, 장비 등 기투자 비용 등을 제외하고 학과에 운영비로 나오는 것은 1인당 약 58만 원. 휴학생을 제외하고 매 학기 약 120명 정도 다녔던 숭실대 영화과의 경우, 1년에 약 6,000~7,000만 원 정도의 운영비를 받았다. (들은 바로는 다른 대학에 비해 많은 편이다.) 이 중, 영화와 연극 제작비로 나가는 비용이 4,500만 원, 장비 유지보수 비용이 약 1,000만 원 정도로 큰 부분을 차지한다. 외부 극장을 대여해 졸업 영화제 같은 행사를 하는 건 언감생심이다. 매주 학생 대표들과 운영과 관련된 회의를 하고 예산을 집행한다. 어찌 보면, 작은 협동조합에 가깝다. 조합원이 자본을 투자해 코치를 고용하고, 훈련을 받고, 영화를 제작한다. 2학년과 3학년 모두 연간 열 작품, 4학년 네 작품, 총 스물네 작품의 단편영화를 제작한다. 2, 3학년 작품에는 알렉사 미니나

C500 등의 카메라 장비와 제작비 150만 원, 4학년 작품에는 장비와 250만 원이 지급된다. 각 작품의 PD는 학교 총무팀에 보고하는 예산을 정확히 정산해야 한다. 2학년과 3학년 작품에는 1학년 학생들 참여가 필수다. 학기 중 11주, 12주차는 영화 5편씩 동시에 촬영에 들어가 영화과 모든 과목의 수업이 없다. 학생들은 매 학기 한 작품 이상의 작품에 반드시 참여할 수 있게 되어 있다. 학생들이 스스로 팀업을 해야 하는 다른 학교와 달리, 숭실대는 학교가 팀업에 제도적으로 개입한다. 팀에 따라 성적을 부여한다. 성적은 교수진 외에 학생들의 평가도 30% 반영한다. 개설 과목은 1학기 18과목, 2학기 18과목, 총 36개 과목이다. 이 중 학생들은 최소 26개 과목을 이수해야 졸업할 수 있다. 학과에서 36개 과목 이상을 개설하기는 쉽지 않다. 비용이 증가하기 때문이다. 현실적으로 연기전공과 제작전공을 따로 선발하는 상황에서 양쪽 전공 모두 주어진 36개 과목으로는 모든 지적 허기를 채우기에 부족하다. 방침은 연기전공과 제작전공이 함께 수업한다는 것이다. 물론 연출과 연기, 촬영의 상호 이해가 좋아 촬영 들어가기 전부터 연극 연습하듯이 하는 것은 장점이다. 그러나 연기만 하고 싶어하거나 연출만 하고 싶어하는 학생

들에게 좀 더 다양한 과목이 개설되지 못하는 것은 아쉬울 수밖에 없다. 살림이 넉넉하다거나 부족하다는 불평을 이야 기하려는 건 아니다. 어디나 살림은 구성원의 만족과 외부의 평가로 잘 됐느냐 아니냐가 평가된다. 숫자로는 모든 나가고 들어오는 것이 0으로 수렴되는 것이 잘한 살림이다. 우리가 만드는 단편영화는 내부를 결속시키면서, 예술성과 기술이 성장하고 동시에 외부의 관객 평가가 우호적으로 나올 수 있어야만 한다.

이렇게 많은 숫자를 늘어놓은 이유는 우리가 처한 현실이기 때문이다. 현실 때문에 이상이 가려졌다는 의미는 아니다. 무언가를 오래 하려면 현실을 바탕으로 움직여야 힘이 덜 들기 때문이다. 힘이 덜 들면 오래 할 수 있다. 그리고 오래 하면 다시 힘이 된다. 한국영화아카데미처럼 30대 초반에 본격적으로 영화를 하겠다고 마음먹고 들어오는 학생들과는 달리, 대학의 영화과 학생들은 아직 자기가 원하는 것이 무엇인지 계속 흔들린다. 장점이라면, 더 저돌적이고 매년 변화의 폭이 무척 크다는 점이다. 개인적으로, 입학하는 학생들 중에서 20%가 관련 업계로 진출하는 것이 목표다. 대학 과정은 내가 선택한 영화가 내 몸에 맞는지 확인하는 과정이다. 물론 학교의 방침은 다르다. 학교마다 취업률을 학과의 경쟁력으로 평가하고 순위를 매긴다. 그래도 우리는 '사람'을 다루는 영화를 하지 않나. 꼭 영화가 아니면 어떤가, 각자가 자기에게 맞는 걸 찾는 것이 더 중요하지. 관객이 바라보는 단편영화와 영화과에서 바라보는 단편영화의 차이점은 여기에 있다고 할까. 몇몇 영화적 센스가 있고, 운도 좋은 학생들은 결국 자기가 선택한 길로 갈 것이다. 그 길이 결론적으로 본인에게 좋은 길인지는 아무도 모르지만. 학생들에게 늘 이야기한다. '꼭 영화를 하지 않아도 돼.' 그럼에도 불구하고 우리가 하고 있는 일, 영화과에서 영화를 만들고 교육받는 일이 의미가 있어야 한다. 이것이 영화과에서 바라보는 다른 관점이랄까. 어떤 일이든 깊이 들어갔다 오면 의미는 저절로 묻어나온다. 그것이 일이든, 사랑이든. 영화과에서 매 학기 제작하는 영화가 학생들에게 이런 기회를 제공해야 한다. 그것이 영화과의 의무랄까. 다들 지긋지긋하다고, 힘들다고 말하다가도, 동료들을 챙기고, 만든 영화를 사랑하고, 다시 글을, 연기를 하는 학생들의 모습에서 이런 모습을 읽는다. 결국 그들이 만들어내는 영화가 중요하지 않다는 것은 아니다. 그러나, 영화과의 영화 만들기는 콘텐츠 이상의 의미를 지닌다. 어차피 우리가 하는 경기를 보러오는 사람은 없었다. '공은 그 공을 찬 발의 각도를 갖고 날아간다'는 이성복 선생의 말처럼, 우리가 어떤 태도로 영화를 만드냐가 중요한 게 아닐까. 그렇게 오래 하다 보면, 다시 좋은 경기를 하고 관객들도 찾는 날이 있겠지.

영화 내적 변화—예술과 기술

세계적인 클래식 기타리스트가 된 박규희는 한국과 일본, 유럽의 교육을 모두 받아 본 사람으로 그 차이를 이렇게 이야기했다. 한국과 일본은 기술 교육을 먼저 하고 유럽은 예술 교육을 먼저 한다. 무엇이 더 중요하다 이야기하기는 힘들지만, 기술 교육부터 받은 박규희 본인은 이제 어떤 예술성을 표현할 때, 예술성이 남다르지만 기술이 부족한 유럽의 친구들보다는 장점이 많다고 했다. 나는 비영화과였다가 영화를 하게 된 사람으로 '영화과가 꼭 필요한가'라는 질문을 오랫동안 갖고 있었다. 훌륭한 예술적 감이 있다면 특히 그걸 구현해주는 이들이 있는 영화 쪽에서는 오히려 장점이 많다고 생각했다. 그러나 요즘은 생각이 차츰 바뀌고 있다. 단편 영화에도 예술점수와 기술점수가 있다면, 기술점수가 80점은 되어야 예술성도 보인다는 점이다. 주변의 영화제 프로그래머들이 자주 하는 이야기들 중에 다들 기술적으로는 잘 만드는데, 예술성이 부족하다고 한다. 내 생각에는 과거에 비해서다. 과거에는 기술들이 대부분 부족했다. 그래서 예술성이 돋보였을 수 있다. 하지만 카메라의 감도가 높아지고, 그래서 큰 조명을 들고 다닐 필요가 없어져 훨씬 더 자연스럽고 즉발적 이미지를 잡아내는 데 유리해진 촬영 환경, 그런 자연스러운 연기를 요구하고 선호하는 환경, 과거보다 더 많고 정제된 정보가 많아진 현실에서 영화 각 파트인 시나리오, 연기, 촬영, 미술, 편집, 사운드 등의 기술은 경쟁적으로 완성도를 높였다. 단편영화 영역에서도. 학생들이 쉽게 자신의 성장을 경험할 수 있는 영역은 기술이다. 예술성은 일면 타고나는 것도 있고, 시간이 오래 걸리기 때문인데, 대학 4년은 그걸 기다려줄 만큼 충분한 시간이지는 않기 때문이다. 이제 막 데뷔한 젊은 촬영감독들은 요즘 촬영이 안 좋은 영화는 거의 없는 듯싶다고, 기술적으로는 거의 상향 평준화가 이뤄진 듯하다고 입을 모은다. 요즘은 그래서 오히려 무엇을 해서 표현하는 것보다는 무엇을 안 해서 표현하는가가 촬영감독들 사이의 이슈라 한다. 따라서 의지만 있는 예술성 넘치는 비영화과 학생이 한두 작품만에 바로 좋은 작품을 만들기에는 불리한 조건이다. 물론 주변에 기술적으로 훌륭한 사람들을 고용하면 되기는 하지만, 처음부터 그런 사람을 알아보는 것조차 쉬운 일은 아니다. 아직 완성되지는 않았어도 기술적 완성도가 어느 정도는 되어야 한다는 분위기가 형성된 영화과에서 만드는 것이 훨씬 유리하다고 생각한다. 아직도 영화과 태그가 달린 단편영화가 가장 많은 부분을 차지할 것이다. 이런 기술적 변화가 어느 정도 차오르면 질적 변화 역시 만들어질 것이다. 학생들은 시대적 고민을 하는 게 아니라 자기의 고민이 시대적 고민이 될 뿐이다. 기술은 통제를 의미한다. 기술이 들어간 누군가의 이야기는 결국 들을 만한 이야기로, 영화로 발전할 수 있지 않을까. 부족한 그들이 오늘도 경기를 뛴다. 튀는 땀방울과 비명소리가 텅빈 운동장을 메운다. 슛! 코치들은 선수들이 차올린 공의 궤적을 눈으로 좇는다.